Königs Erläuterungen und Materialien
Band 398

Erläuterungen zu

Bertolt Brecht

Der aufhaltsame Aufstieg des Arturo Ui

von Bernd Matzkowski

C. Bange Verlag – Hollfeld

Herausgegeben von Klaus Bahners, Gerd Eversberg
und Reiner Poppe

> Hinweis der Herausgeber:
>
> Die Rechtschreibung wurde der amtlichen Neuregelung angepasst.
>
> Brecht-Zitate müssen auf Grund eines Einspruches in der alten Schreibung beibehalten werden.

1. Auflage 1999
ISBN 3-8044-1667-5
© 1999 by C. Bange Verlag, 96142 Hollfeld
Alle Rechte vorbehalten!
Printed in Germany

INHALT

Vorwort 5

1. **Einleitung** 7
2. **Zu Leben und Werk** 10
3. **Brecht im Exil** 13
4. **Arturo Ui: Voraussetzung und Entstehung/Parabel-Satire-Geschichtsfarce**
   4.1 Voraussetzung und Entstehung 19
   4.2 Parabel-Satire-Geschichtsfarce 24
5. **Zum Text**
   5.1 Gang der Handlung/Erläuterungen zu den Szenen 33
   5.2 Hinweise zum Aufbau des Dramas und Kommentare zu einzelnen Szenen und Szenengruppen 68
   5.2.1 Zum Aufbau des Dramas 68
   5.2.2 Szenen 71
   5.2.3 Prolog und Epilog 86
   5.3 Figurenkonstellation-Figurenkonfiguration-Charakteristiken 88
   5.4 Die Doppelverfremdung: Gangstermilieu und großer Stil ... 93
6. **Aspekte zur Diskussion/Materialien**
   6.1 Zur Entstehung und beabsichtigten Wirkung des Stücks ... 101
   6.2 Verfremdung/Doppelverfremdung 103

6.3	Ui und Hitler	106
6.4	Im Widerstreit der Kritik	109
6.5	Zwei Theaterkritiken	111
7.	**Literatur (– Auswahl –)**	113

VORWORT

Bertolt Brechts Theaterstück „Der aufhaltsame Aufstieg des Arturo Ui" wird häufig als eher nachrangiges Werk betrachtet. Es steht unzweifelhaft im Schatten der nahezu in den Kanon „klassischer" Theaterstücke gerückten Dramen des Stückeschreibers Brecht, wie etwa „Mutter Courage und ihre Kinder", „Leben des Galilei", „Der gute Mensch von Sezuan" und „Die Dreigroschenoper".

Ein Grund mag in der Entstehungs- und Werkgeschichte liegen. Brecht selbst hat sich seinem Stück aus der finnischen Exilzeit erst in den fünfziger Jahren wieder zugewandt und eine Veröffentlichung und Inszenierung sehr zögerlich behandelt. Der Hauptgrund liegt aber in der „Machart" und dem Thema des Stücks, das von der ersten Inszenierung an (1959) kontrovers aufgenommen wurde. Geriet die Inszenierung des „Berliner Ensembles" im Jahre 1959 zu einem großen Theatererfolg, so wurde gleichzeitig und immer wieder die Frage aufgeworfen, ob das Stück nicht in unzulässiger Weise den Faschismus verharmlose.[1] Eine solcher Vorwurf steht aber in engem Zusammenhang mit dem Verständnis des Stücks. Jan Knopf verteidigt das „Ui-Stück" gegen solche Kritiken, wie sie etwa beim „Frankfurter Kolloquium" im Jahre 1978 (Anlass war Brechts 80. Geburtstag) erneut erhoben wurden, mit den Worten: „Brecht aber hat gar nicht den Aufstieg Hitlers parabolisiert; er hat vielmehr, und zwar bis in die Einzelheiten hinein, die reale Geschichte des Aufstiegs von Al Capone nacherzählt, und dies wiederum nicht nach dem Muster des faschistischen Aufstiegs in Deutschland, sondern nach dem der in den USA gängigen Biografien, die über die erfolgreichen Selfmademen der amerikanischen Wirtschaft, Rockefeller, Ford zum Beispiel, berichten. (...) Und die Geschichte des Gangsters Al Capone alias Arturo Ui, die zugleich ein Spiegel der Geschichte von bürgerlichen

---

[1] Die Theaterwirksamkeit des Stücks hat auch die Neuinszenierung des „Berliner Ensembles" (Leitung: Heiner Müller) in den 90er Jahren unter Beweis gestellt. Die Inszenierung stieß nicht nur auf großen Publikumszuspruch, sondern wurde auch zu vielen Theaterfestivals und Theatertreffen eingeladen.

Aufsteigern ist, diese Geschichte aber passt eben auch auf den Aufstieg – den angeblich unaufhaltsamen- Hitlers. Und warum passt sie wohl?"[2]

Die Auseinandersetzung um das Stück, die es seit seiner Veröffentlichung begleitet, macht zugleich deutlich, dass dieser Band nicht den Anspruch erheben kann und will, eine schlüssige Gesamtinterpretation zu liefern. Es werden Grundlageninformationen geboten, die eine eigenständige Beschäftigung mit dem Stück unterstützen sollen.

Zu danken habe ich Ulrich Spiegelberg (Stadtbücherei Gelsenkirchen) für die freundliche Unterstützung bei der Beschaffung von Literatur. Mein ganz besonderer Dank geht an Raimund Sarlette (Heisenberg Gymnasium Gladbeck) für seine Hilfe und seine sachdienlichen Hinweise bei der Darstellung der zeitgeschichtlichen Zusammenhänge, die das Stück anspricht.

---

[2] Jan Knopf, Brecht-Handbuch. Theater. Eine Ästhetik der Widersprüche, Stuttgart 1980, S. 5

1. EINLEITUNG

„Der *Ui* ist ein Parabelstück, geschrieben mit der Absicht, den üblichen gefahrvollen Respekt vor den großen Tötern zu zerstören. Der Kreis ist absichtlich eng gezogen: er beschränkt sich auf die Ebene von Staat, Industriellen, Junkern und Kleinbürgern. Das reicht aus, die vorgehabte Absicht durchzuführen. Das Stück will keinen allgemeinen gründlichen Aufriß der historischen Lage der dreißiger Jahre geben. (...) Das Stück, geschrieben 1941, wurde als Aufführung von 1941 gesehen." Bertolt Brecht[3]

Brechts Anmerkungen zu seinem Stück, niedergeschrieben im Jahre 1954, geben zugleich Auskunft über die gewählte Form (Parabel), die Intention des Autors (den Respekt vor den großen Tötern zerstören), die gesellschaftspolitische Sphäre, in der es angesiedelt ist (Staat, Industrielle, Junker, Kleinbürger) und die Hoffnung, die der Autor Brecht hatte, als er das Stück 1941 verfasste: Brecht ging von einer Aufführung noch im gleichen Jahr aus. Diese Hoffnung sollte sich allerdings nicht erfüllen.

Brecht schloss die Arbeit am *Ui* in den letzten Tagen des finnischen Exils ab und hatte dabei schon eine Aufführung in den USA, der nächsten Station seiner Emigration, vor Augen.

Im „Arbeitsjournal" notierte Brecht unter dem 10.3.41: „an das amerikanische theater denkend, kam mir jene idee wieder in den kopf, die ich einmal in new york hatte, nämlich ein gangsterstück zu schreiben, das gewisse vorgänge, die wir alle kennen, in erinnerung ruft. (the gangster play we know.) ich entwerfe schnell einen plan für 11-12 szenen. natürlich muß es in großem stil geschrieben werden."[4]

---

[3] Bertolt Brecht, Notizen zitiert in Bertolt Brecht, Der aufhaltsame Aufstieg des Arturo Ui (Anhang) edition suhrkamp 144, Berlin 1981, S. 133. Alle Zitate aus dem Stück sowie aus den „Notizen", den „Anmerkungen zur Aufführung" und den „Zeittafeln" beziehen sich auf diese Ausgabe, ab jetzt abgekürzt als UI

[4] Bertolt Brecht, Arbeitsjournal Erster Band 1938-1942, werkausgabe edition suhrkamp, Supplementband, Frankfurt a. Main 1972 (Hrsg. Werner Hecht), ab jetzt abgekürzt als AJ

Brecht trifft im Juli 1941 in Amerika ein, doch zu einer Aufführung des
„Ui" in den Vereinigten Staaten kommt es zunächst nicht.[5] Bis zur
Uraufführung des Stücks vergehen vielmehr 17 Jahre.
Erst nach Brechts Tod wird es erstmalig aufgeführt (19.11.1958, Staatstheater
Stuttgart). Zu einer Erstaufführung in der damaligen DDR kommt es
im Jahre 1959 (Theater am Schiffbauerdamm).

Als Brecht das Stück schreibt, fern der Heimat und vor einer ungewissen Zukunft stehend, ist Hitler politisch und historisch auf der Höhe
seiner Macht. Dies mag zum Teil den eher resignativ anmutenden
Schluss des Stücks erklären.[6] Eine aus einem zerschossenen Lastwagen kletternde Frau richtet, blutüberströmt, verzweifelt und unter
einer Maschinengewehrsalve zusammenbrechend, die Frage an das
Publikum: „Wo seid ihr! Helft! Stoppt keiner diese Pest?"(Ui, S.123)

Brecht wendet sich in den fünfziger Jahren dem Stück wieder zu, es
geht ihm nun auch darum zu warnen: Mit dem Ende des Hitler-Regimes ist, so Brecht, die Gefahr des Faschismus nicht gebannt.
Insofern verlängert er mit den bekannten Schlusszeilen des Epilogs
das Stück bis in die Gegenwart, wenn er schreibt:

---

5   In den fünfziger Jahren widmet sich Brecht dem Stück wieder, nimmt Veränderungen an einzelnen Szenen vor und bereitet eine Publikation des Stücks vor. Anlässlich der Diskussionen zur Vorbereitung der Publikation entstanden auch die oben bereits zitierten Notizen sowie der „Epilog". Das Stück und die Notizen wurden 1957 in einem Sonderheft der Zeitschrift „Sinn und Form" veröffentlicht.(vergl. hierzu u.a. Burkhardt Lindner, Bertolt Brecht, Der aufhaltsame Aufstieg des Arturo Ui, München 1982. S. 31 sowie Dieter Thiele, Bertolt Brecht, Der aufhaltsame Aufstieg des Arturo Ui, Frankfurt am Main 1990, S.9)

6   Ein anderer Grund liegt natürlich in der von Brecht selbst konstatierten Absicht, den Aufstieg Uis zu zeigen.

„Ihr aber lernet, wie man sieht statt stiert
Und handelt, statt zu reden noch und noch.
So was hätt einmal fast die Welt regiert!
Die Völker wurden seiner Herr, jedoch
Daß keiner uns zu früh da triumphiert
Der Schoß ist fruchtbar noch, aus dem das kroch." (Ui, S.124)[7]

---

[7] Brecht greift damit die Schlusszeilen aus seiner „Kriegsfibel" auf. Brechts in den Exiljahren entstandene Kriegsfibel enthält Photos und Artikel aus Zeitungen und Zeitschriften, die Brecht zugänglich waren und die er mit vierzeiligen Kommentaren versah. Das letzte Photo zeigt Hitler bei einer Ansprache, in einer typischen Pose vor einem Mikrophon stehend, und ist mit dem Kommentar versehen:

„Das da hätt einmal fast die Welt regiert.
Die Völker wurden seiner Herr. Jedoch

Ich wollte, daß ihr nicht schon triumphiert:
Der Schoß ist fruchtbar noch, aus dem das kroch." (Bertolt Brecht, Kriegsfibel, Frankfurt am Main 1968)

2. LEBEN UND WERK (AUSWAHL)

1898	10. Februar: Eugen Berthold Brecht in Augsburg geboren
1904-1919	Besuch der Volksschule und des Realgymnasiums, Notabitur, Studium der Medizin und Philosophie, Militärdienst in einem Augsburger Lazarett
	1918 Erstfassung des „Baal"
	1919 Die Kleinbürgerhochzeit/weitere Einakter
	1919 Exmatrikulation nach vier Semestern Studium
	Aufenthalt in Berlin
1922	Erstveröffentlichung „Baal"
	Uraufführung „Trommeln in der Nacht"
	Heirat mit der Opernsängerin Marianne Zoff
	Erstbegegnung mit Helene Weigel
1923	Uraufführungen von „Im Dickicht der Städte" und „Baal"
1926	Uraufführung von „Mann ist Mann"
1927	Hauspostille
1928	Uraufführung „Dreigroschenoper" (Musik: Kurt Weill)
1929	Heirat mit Helene Weigel
1930	Uraufführung „Aufstieg und Fall der Stadt Mahagonny" sowie „Der Jasager und der Neinsager" und „Die Maßnahme"; Lesebuch für Städtebewohner
	Geschichten vom Herrn Keuner

1932	Uraufführung „Die Mutter"
	Beginn der Freundschaft mit Margarethe Steffin
1933	28. Februar: Flucht aus Deutschland nach Paris, schließlich nach Dänemark
1935	Reisen nach Moskau und Paris sowie New York
	Aberkennung der deutschen Staatsbürgerschaft
1936	Uraufführung „Die Rundköpfe und die Spitzköpfe"
1937	Uraufführung „Die Gewehre der Frau Carrar"
	Svendborger Gedichte
1938	Arbeit an der ersten Fassung von „Leben des Galilei"
1939	Übersiedlung nach Schweden
	„Mutter Courage und ihre Kinder"
1940	Flucht nach Finnland
	Arbeit an den „Flüchtlingsgesprächen"
1941	Uraufführung „Mutter Courage"
	Arbeit an „Der aufhaltsame Aufstieg des Arturo Ui", im Juli Ankunft in den USA
1943	Uraufführungen „Der gute Mensch von Sezuan" und „Leben des Galilei"
1944	Arbeit an „Der kaukasische Kreidekreis"
1945	Erarbeitung einer neuen Fassung des „Galilei"
1947	Übersiedlung in die Schweiz

1949	Übersiedlung nach Ostberlin
1950	Erwerb der österreichischen Staatsbürgerschaft
1953	Wahl zum Präsidenten des PEN-Zentrums (Ost und West)
1954	„Berliner Ensemble" im Theater am Schiffbauerdamm
1956	14. August: Brecht stirbt an den Folgen eines Herzinfarkts

3. BRECHT IM EXIL[8]

Am 28. Februar 1933, am Tag nach dem Reichstagsbrand und rund einen Monat nach der Ernennung Hitlers zum Reichskanzler (30.1.1933), verlässt Brecht Deutschland in Richtung Prag. Seine Flucht vor dem „Anstreicher Hitler"[9] wird ihn durch viele Länder Europas bis nach Amerika führen. Erst am 22.10.1948 kommt Brechts erstmals in die Stadt Berlin zurück, den Ort seiner ersten großen Erfolge.

Brecht, geboren am 10. Februar 1898 in Augsburg, ist zur Zeit seiner Flucht bereits ein berühmter Autor. Seine frühen Stücke „Baal", „Trommeln in der Nacht" und „Im Dickicht der Städte" hatten bereits für Skandale[10] und Aufmerksamkeit gesorgt, mit der „Dreigroschenoper" (Musik: Kurt Weill), die am 31.8.1928 im Theater am Schiffbauerdamm in Berlin Premiere hat und zu einem Triumph gerät, wird Brecht zu einem bekannten und erfolgreichen Autor.

Von Prag aus reist Brecht nach Wien, wo er gemeinsam mit seiner Frau Helene Weigel und den Kindern Stefan und Barbara zunächst eine Unterkunft findet. Weitere kurzfristige Aufenthaltsorte Brechts

---

8 Der folgende Abschnitt beschränkt sich auf Angaben zu Brechts Exiljahren und gibt keinen Überblick über das gesamte Leben des Autors. Vergl. hierzu u.a. Günter Berg/Wolfgang Jeske, Bertolt Brecht, Stuttgart 1998; Frederic Ewen, Bertolt Brecht. Sein Leben, sein Werk, seine Zeit, Frankfurt 1973; John Fuegi, Brecht & Co, Hamburg 1977; Marianne Kesting, Bertolt Brecht, Hamburg 1959; Franz-Josef Payrhuber, Bertolt Brecht, Stuttgart 1995; Klaus Völker, Brecht-Chronik, München 1997; Klaus Völker, Bertolt Brecht. Eine Biographie, München 1976.

9 Das „Lied vom Anstreicher Hitler" verfasste Brecht 1933.

10 Fielen die Reaktionen auf die Erstveröffentlichung des „Baal" (1918/Leipzig) noch eher enttäuschernd aus, so trat Brecht mit „Trommeln in der Nacht" (September 1922, München) schlagartig ins Bewusstsein der Öffentlichkeit. Der Theaterkritiker Herbert Ihering feierte Brecht mit den Worten: „Der vierundzwanzigjährige Dichter *Bert Brecht* hat über Nacht das dichterische Antlitz Deutschlands verändert. (...) Heute gilt es, einen Dramatiker zu verkünden, der seit Wedekind das aufwühlendeste Erlebnis ist." (zitiert nach F. Ewen, a.a.O., S. 87 f.). Nicht nur der Inhalt und die Sprache des Stücks um den Kriegsheimkehrer Kragler, das zur Zeit der Spartakus-Kämpfe spielt, hatten für Aufsehen gesorgt. Brecht provozierte sein Publikum u.a. auch durch im Theaterraum aufgehängte Transparente mit den Aufschriften „Glotzt nicht so romantisch!" und „Jeder Mann ist der Beste in seiner Haut!"

sind Lugano und Carona im Tessin sowie Paris. Verbunden sind diese Stationen der Flucht mit Versuchen, die Arbeit aufrecht zu erhalten und Kontakte zu anderen Autoren zu knüpfen (so trifft Brecht etwa Alfred Döblin, Anna Seghers, Caspar und Erika Neher sowie Kurt Weill und Hermann Kesten).

Die dänische Schriftstellerin Karin Michaelis, zu der Helene Weigel seit längerer Zeit Kontakt hält, lädt die Familie Brecht schließlich nach Dänemark ein und stellt den Brechts ein kleines Haus auf einer Fünen vorgelagerten Insel zur Verfügung. Im August 1933 zieht die Familie von dort nach Svendborg auf Fünen um, in das Haus Skovsbostrand Nr. 8.

Die Versuche, Kontakte unter den Exilanten herzustellen und Konferenzen der Exilautoren vorzubereiten, erweisen sich als schwierig. Brecht macht so sein Haus zu einer Anlaufstation für deutsche Emigranten: zu den Gästen, die im Laufe des Jahres 1934 in Svendborg eintreffen, gehören neben anderen Walter Benjamin und Hans Eisler. Reisen führen Brecht von Svendborg aus in den Jahren 1935 und 1936 nach London, Paris und Moskau.

Obwohl Brecht die deutsche Staatsbürgerschaft am 8.6.1935 aberkannt wird, gelingt es ihm, die Pässe für sich und seine Familie für fünf Jahre verlängern zu lassen, einige wichtige Voraussetzung für weitere Reisen und das Knüpfen von Kontakten.

Die Jahre in Dänemark sind durch einen Wechsel von nahezu rastloser Reisetätigkeit, Gesprächen und Begegnungen im Svendborger Haus und produktivem Schaffen gekennzeichnet. So entstehen nicht nur die „Svendborger Gedichte", sondern u.a. die Stücke „Die Gewehre der Frau Carrar" und „Furcht und Elend des Dritten Reichs" sowie die erste Fassung des Dramas „Das Leben des Galilei". Erste Skizzen und Szenenentwürfe zu „Der gute Mensch von Sezuan" und „Mutter Courage und ihre Kindern" fallen ebenso in diese Zeit. Daneben entwickelt Brecht seine literaturtheoretischen Überlegungen weiter (Debatte mit Georg Lukács über die „Realismus-Problematik") und arbeitet an seiner Theatertheorie. Auch an Inszenierungen seiner

Stücke nimmt Brecht teil, z.B. vom Oktober 1935 bis zum November 1935 an der Erarbeitung der Premiere des Stücks „Die Mutter" in New York. Im Zusammenhang mit den Proben für das Stück „Die Rundköpfe und die Spitzköpfe" in Kopenhagen verfasst Brecht mehrere theatertheoretische Schriften, in denen erstmals der Begriff „Verfremdungseffekt" auftaucht.

Als sich die politische Situation in Europa im Jahre 1939 immer mehr zuspitzt, Hitler marschiert in Prag ein (Annexion der Tschechoslowakei), Italiens „Duce" Mussolini annektiert Albanien, und die Truppen Francos erobern Madrid, scheint Brecht die Lage in Dänemark nicht mehr sicher genug zu sein. Er stellt für sich und seine Familie einen Einreiseantrag in die USA. Ostern 1939 verlässt er das Haus in Svendborg, reist nach Kopenhagen und wartet dort auf ein Einreisevisum für Schweden, das schließlich erteilt wird. Der Aufenthalt in Schweden, Brecht zieht in ein Haus auf der Insel Lindingö, dauert vom 23.4.1939 bis zum 17.4.1940.

Als Dänemark, unter starkem Druck des Hitler-Regimes, im Mai einen Nichtangriffspakt mit Deutschland schließt, verfasst Brecht die beiden Einakter „Dansen" und „Was kostet das Eisen?", die das Thema der Kollaboration mit Nazi-Deutschland aufarbeiten.

Der Sieg Francos gegen das republikanische Spanien und der Nichtangriffspakt zwischen Hitler-Deutschland und Stalin verschärfen die Kriegsgefahr in Europa. Alle Hoffnungen auf eine Eindämmung des Faschismus zerschlagen sich. An eine baldige Rückkehr nach Deutschland ist für Brecht nicht mehr zu denken. Die schlimmsten Befürchtungen bestätigen sich am 1. September 1939 mit dem Angriff der deutschen Armee auf Polen. Der Zweite Weltkrieg hat begonnen.[11]

---

11 Am 11. April 1939 hatte Brecht aus Kopenhagen an den schwedischen Schriftsteller Henry Peter Matthis geschrieben: „Ich bin sicher, Sie haben eine Vorstellung von der Peinlichkeit, auf einem dieser Inselchen zu sitzen, wenn die Schlächterei anzufangen scheint. Schließlich ist in diesem Jahr jede Woche ohne Weltkrieg ein bloßer unbegreiflicher Glückstreffer." (zitiert nach K. Völker, Brecht-Chronik, a.a.O., S. 92)

Während Brecht, auch unter dem Eindruck des Kriegsbeginns, die erste Fassung von „Mutter Courage und ihre Kinder" fertigstellt, an der Parabel „Der gute Mensch von Sezuan" weiterarbeitet, „Das Verhör des Lukullus" verfasst und sich auch an das Schreiben von Geschichten begibt (z.B. „Der Augsburger Kreidekreis"), bereitet er gleichzeitig seine Weiterreise vor. Der Zeitpunkt ist gekommen, als die deutschen Truppen am 9. April 1940 in Dänemark und Norwegen einmarschieren. Am 17. April verlässt die Familie Brecht Schweden mit dem Schiff in Richtung Helsinki.

Brecht, wartend auf die Visa für Amerika, nimmt die Arbeit am „Sezuan-Stück" wieder auf und beginnt mit ersten Skizzen für „Herr Puntila und sein Knecht Matti", das er im September 1940 fertigstellt. Gegen Ende des Jahres feilt er weiter an „Der gute Mensch von Sezuan", notiert die „Flüchtlingsgespräche" und hält an der Universität von Helsinki einen Vortrag „Über experimentelles Theater". Im Januar 41 setzt er die „Sezuan-Arbeiten" fort und schreibt, vom März bis April, unterstützt von Margarete Steffin, **„Der aufhaltsame Aufstieg des Arturo Ui"**.

In Zürich wird „Mutter Courage und ihre Kinder" uraufgeführt (19. April), im Mai 1941 treffen endlich die sehnsüchtig erwarteten Pässe und Dokumente für die Einreise in die USA ein. Über Leningrad und Moskau geht die Reise zunächst nach Wladiwostok. Mit dem schwedischen Frachter „Annie Johnson", der am 13.6.1941 ablegt, gelangen die Familie Brecht und Brechts Mitarbeiterin Ruth Berlau, auf dem Umweg über Manila, nach einer rund zehnwöchigen Reise nach Los Angeles, wo das Schiff am 21.7.1941 anlegt.[12]

Freunde haben bereits ein Haus in Santa Monica, einem Stadtteil von Hollywood, für die Brechts gemietet. Mit dem Krieg auf dem europäischen Kontinent hat Los Angeles Paris als Zentrum der Emigrantenszene abgelöst. Brecht trifft auf ehemalige Mitarbeiter aus Berlin,

---

12 Notiz Brechts im „Arbeitsjournal" am 21.7.41: „wir kommen in san pedro, dem hafen von los angeles, an. martha feuchtwanger und der schauspieler alexander granach holen uns am pier ab. elisabeth hauptmann hat durch eine freundin ein flat für uns mieten lassen."(AJ, S. 209)

aber auch auf zahlreiche deutsche Schriftstellerkollegen, so etwa Heinrich und Thomas Mann, Alfred Döblin, Lion Feuchtwanger, Franz Werfel und Ludwig Marcuse.[13]

Über sein neues Domizil notiert Brecht am 1.8.41 im „Arbeitsjournal": „fast an keinem ort war mir das leben schwerer als hier in diesem schauhaus des easy going. das haus ist zu hübsch, mein beruf ist hier goldgräbertum, die glückspilze waschen sich aus dem schlamm faustgroße goldklumpen, von denen dann lange die rede ist (...)."[14]

Brecht gelingt es letztlich nicht wirklich, im Hollywood-Amerika heimisch zu werden. Wie andere deutsche Autoren versucht er, als Drehbuchschreiber bei den großen Filmgesellschaften Engagements zu bekommen, um so seinen Lebensunterhalt zu verdienen. Zwar verfasst er etliche Drehbuchentwürfe, umgesetzt, und das auch nur in einer recht verstümmelten und den amerikanischen Produktionsbedingungen und Publikumserwartungen angepassten Version, wird schließlich „Hangmen also die" (Auch Henker sterben!), das von Fritz Lang verfilmt wird und Brecht rund 10.000 $ Gage einbringt.[15]

Mit der Zeit intensiviert Brecht die Kontakte innerhalb der Emigrantenkreise, nimmt die Zusammenarbeit mit Hans Eisler wieder auf und arbeitet mit Lion Feuchtwanger am Stück „Die Gesichte der Simone Machard".[16]

Die Situation für die Emigranten verschärft sich, als die USA, nach dem japanischen Angriff auf Pearl Harbour, in den Krieg eintreten und eine Überwachung durch die Behörden beginnt.

---

13 Eine weitere Gruppe deutscher Exilautoren, Musiker und Künstler ist in New York ansässig, so etwa Hans Eisler, Erwin Piscator, Kurt Weill, Lotte Lenya, Karl Korsch und Hermann Borchard.
14 AJ, S. 210
15 Der Film thematisiert das Attentat auf Reinhard Heydrich in Prag am 27.5.1942.
16 Feuchtwanger gelingt es im Jahre 1942, die Romanfassung in französischen und amerikanischen Übersetzungen zu veräußern und die Filmrechte am Stoff an MGM zu verkaufen. Brecht erzielt durch den Verkauf der Filmrechte rund 22.000 $, der Film wird aber nicht realisiert.

Brecht sieht in der Arbeit für die Filmindustrie auf Dauer keine Perspektive, er setzt vermehrt auf die Theaterarbeit. Im Jahre 1944 entstehen „Der kaukasische Kreidekreis" und „Schwejk im Zweiten Weltkrieg". Mit dem Filmschauspieler Charles Laughton beginnt er die Arbeit an einer amerikanischen Fassung des „Galilei", die nach dem Abwurf der Atombomben auf Hiroshima und Nagasaki einen gegenüber der ursprünglichen Fassung veränderten Schluss erhält. Aufführungspläne zerschlagen sich jedoch zunächst. Erst im Juli 1947 kommt das Stück in Beverly Hills auf die Bühne.

Am 30.10.1947, mehr als zwei Jahre nach der Kapitulation Nazi-Deutschlands (8.5.1945), wird Brecht, wie zahlreiche andere Autoren, Musiker, Schriftsteller, Regisseure und Filmschaffende wegen des Verdachts „kommunistischer Infiltration der Filmindustrie" vor den „Ausschuss zur Untersuchung unamerikanischer Umtriebe" geladen und einer Befragung unterzogen.[17] Anklage wird jedoch nicht erhoben.

Bereits 1946 entwickelt Brecht Überlegungen, Amerika zu verlassen und in die Schweiz zu gehen. Am Tag nach der Anhörung setzt Brecht diesen Plan in die Tat um. Er fliegt zunächst von New York nach Paris. Von dort aus fährt er nach Zürich, wo er am 5.11.1947 eintrifft. Am Züricher Schauspielhaus, das schon Uraufführungen Brecht'scher Exilstücke erlebt hat, inszeniert Brecht im Mai 1948 „Herr Puntila und sein Knecht Matti". In Zürich kommt es auch zur Begegnung mit Max Frisch, mit dem er unter anderem das „Kleine Organon für das Theater" diskutiert.

Es dauert bis zum Oktober 1948, bis alle Reiseunterlagen und Papiere für eine erste Einreise nach Deutschland beisammen sind und Brechts Odyssee ein Ende nimmt. Am 22.10.1948 treffen Brecht und Helene Weigel in Berlin ein.

*****

---

17 Das Stenogramm der Vernehmung findet sich in F. Ewen, a.a.O., S. 467 ff.

4. ARTURO UI: VORAUSSETZUNG UND ENTSTEHUNG/PARABEL-SATIRE-GESCHICHTSFARCE

4.1 Voraussetzungen und Entstehung

„inmitten all des trubels um die visas und die reisemöglichkeit arbeite ich hartnäckig an der neuen *gangsterhistorie*. nur noch die letzte szene fehlt." (Brecht, AJ v. 28.3.1941)[18]

Knapp drei Wochen nach der Aufnahme der Arbeit am „Ui" hat Brecht das Stück nahezu fertig gestellt, lediglich die letzte Szene fehlt noch. Die Idee zum Stück war ihm aber bereits bei einem Aufenthalt in New York im Jahre 1935 gekommen. Brecht hielt sich in New York auf, um an den Proben einer Inszenierung des Stücks „Die Mutter" teilzunehmen.[19]

Während des Aufenthaltes in New York erhält Brecht Kenntnis von den Auseinandersetzungen rivalisierender Gangsterbanden, deren Territorialstreitigkeiten in der Prohibitionszeit zu blutigen Kriegen gerieten. „Jüngstes Opfer der damaligen Ereignisse war der auch von der Presse zum dunklen Heroen emporstilisierte Dutch Schultz (bürgerlich: Arthur Fliegenheimer).[20] Brecht sammelte Material über diesen und andere Gangsterkriege. Sie hatten ihr gemeinsames Charakteristikum in der scheinbar legalen Verknüpfung von harmlosen Geschäften mit rigiden Monopolkämpfen, die von einer korrupten

---

18 Brecht, AJ, S. 186 (Kursivsetzung im Original)
19 Zwischen Brecht und Eisler, der ihn begleitet, sowie der Theaterleitung und den Schauspielern der „Theatre Union" im „Civic Repertory Theatre" kommt es zu heftigen Streitigkeiten über die Inszenierung, mit der Brecht nicht einverstanden ist. Brecht und Eisler werden im Rahmen der Auseinandersetzung zeitweilig mit Hausverbot belegt. Das Stück wird am 19. November aufgeführt; am 8. Dezember schreibt Brecht aus New York an Erwin Piscator: „Die *Mutter* ist uns hier sehr verhunzt worden (dumme Verstümmelungen, politische Ahnungslosigkeit, Rückständigkeit aller Art usw.)." (zitiert nach Völker, Brecht-Chronik, a.a.O., S.76; Kursivsetzung im Original)
20 Das Alkoholverbot in den USA (prohibition-act) dauerte von 1920 bis 1933.

Polizei und erpressten Politikern gedeckt wurden."[21] Gingen die Gangsterbosse ihren Geschäften mit äußerster Brutalität nach, so gaben sie sich im Zivilleben als bürgerliche Ehrenmänner mit der Aura von Wohlanständigkeit, spielten die Rolle erfolgreicher „selfmade"-Männer, die es mit harter Arbeit zu wirtschaftlichem Erfolg und gesellschaftlichem Ansehen gebracht hatten, und traten oftmals auch als karitative Wohltäter auf.[22]

Diese Doppelgesichtigkeit, der nahtlose Übergang zwischen bürgerlichem Habitus und kriminell-kapitalistischer Geschäftemacherei, die Verfilzung von korrupten Politikern, bestochenen Presseleuten und einer scheinbar ohnmächtigen Öffentlichkeit ist ein Ansatzpunkt für Brecht, eine Parallele zwischen dem amerikanischen Gangsterwesen und dem Aufstieg Hitlers zu sehen.

Die neue Qualität des organisierten Bandenwesens studierte Brecht am Aufstieg Al Capones. „Die Karriere des Al Capone, auch im Deutschland der zwanziger Jahre legendenumwoben, steht stellvertretend für die veränderte Situation. Skrupellos erweitert er die Macht seines Syndikats über Chicago und dessen Vorstädte, lässt Politiker schmieren, Journalisten zusammenschlagen, präsentiert sich zugleich als anständiger, millionenschwerer Geschäftsmann, der zum Establishment gehört. Was Brecht an dem amerikanischen Gangsterunwesen faszinierte, ist die Vergleichbarkeit der Verbrecherorganisationen mit der Bildung der kapitalistischen Monopole (...)."[23]

Neben etlichen Zeitungsartikeln, die sich mit den Gangstersyndikaten beschäftigen und die Brecht akribisch ausschneidet und sammelt, nimmt er auch einen Artikel von Fred Pasley, dem Verfasser einer Capone-Biografie, mit zurück ins dänische Exil, als er New York wieder verlässt. Auf dieses Material kann er zurückgreifen, als er sich

---

21 Klaus Völker, Brecht-Kommentar zum dramatischen Werk, München 1983, S. S. 227 f.
22 So ließ etwa Capone im Jahr 1930 Garküchen für Arbeitslose einrichten. Capone war 1929 von amerikanischen Journalisten zum „Mann des Jahrzehnts" gewählt worden. Zwei weitere Titelträger waren Albert Einstein und Mahatma Ghandi!
23 Burkhardt Lindner, a.a.O., S. 35

in Finnland an die Arbeit am „Ui" macht[24]. So lassen sich auffällige Parallelen zwischen dem Aufstieg Uis und dem Werdegang Capones bzw. Motivverwendungen erklären. Der Handlungsort des „Ui" ist in Chikago angesiedelt, der Stadt, die Capone in seinen Würgegriff nahm; wie Capone kommt auch Ui aus der Bronx, den Slums von Brooklyn.[25]

Hat Capone sein Hauptquartier in einer Suite des Metropol-Hotels, so residiert Ui im Mammoth-Hotel. Wie Capone eignet sich auch Ui bürgerliche Umgangsformen an[26]. Wenn Ui in Brechts Parabel „Cicero" okkupiert,[27] so spielt dies darauf an, dass Capone zunächst den Chikagoer Stadtteil „Cicero" unter seine Kontrolle brachte. Eine weitere Parallele ergibt sich zwischen der Liquidierung Romas, des ehemaligen Kampfgefährten des Ui in Brechts Stück, und dem St. Valentins Massaker (Februar 1929). Capone ließ an diesem Tag führende Köpfe einer anderen Gang ermorden.[28] Eine Anspielung auf die Tatsache, dass die Gangs und Syndikate auch in den Lebensmit-

---

24 Hinzu kommen als Informationsquellen auch der amerikanische Film, etwa Howard Hawks Streifen „Scarface", sowie Kenntnisse von Brechts Sohn, die er im „Arbeitsjournal" erwähnt: „steffs kenntnisse über die verwebungen der gangsterwelt mit der verwaltung kommen mir zustatten." (AJ, S.186) Stefan Brecht, Sohn von Brecht und Helene Weigel, wurde am 3.11.1924 in Berlin geboren.

25 „Als ich vor nunmehr fünfzehn Jahren als
Einfacher Sohn der Bronx und Arbeitsloser
Dem Ruf der Vorsehung folgend..."(Ui, S.122) Auch Hitler betonte in seinen Reden gerne seine „einfache Herkunft" und berief sich auf die Vorsehung, die ihm seine Aufgabe gezeigt habe: „ (...) einer ganzen feindlichen Umwelt zum Trotz habe ich einst im Innern meinen Weg gewählt und bin ich als Unbekannter, Namenloser gewandert bis zum endgültigen Erfolg. (...)Es lag in der Hand der Vorsehung, am 20. Juli durch die Bombe, die 1½ Meter neben mir krepierte, mich auszulöschen und damit mein Lebenswerk zu beenden. Dass mich der Allmächtige an diesem Tag beschützte, sehe ich als eine Bekräftigung des mir erteilten Auftrages an." Hitler, Aufruf zum „Endkampf" am 30. Januar 1945, zitiert nach Walter Schafarschik (Hrsg.). Arbeitstexte für den Unterricht – Herrschaft durch Sprache/Politische Reden, Stuttgart 1973, S.75 f.

26 siehe besonders Szene 7 im „Ui"

27 Einmarsch Hitlers in Österreich am 11. März 1938

28 Der Bezug zu Hitler besteht in der Ermordung Röhms und anderer SA-Führer am 30.6.1934.

telhandel einstiegen, mag darin zu sehen sein, dass es im „Ui" um die Macht über den „Karfioltrust" (Karfiol=Blumenkohl") geht.

Aufgrund der zahlreichen Parallelen zwischen der Biographie Capones und dem Aufstieg Uis in Brechts Drama kommt Burkhardt Lindner zu der Einschätzung: „(...)die Basisverfremdung der Ui-Parabel greift weitaus stärker auf konkrete Al Capone-Details zurück, als dies auf den ersten Blick zunächst zu vermuten war. Die Verwertung bezieht sich andererseits aber hauptsächlich auf Einzelzüge, Motive, Situationen; die Lebensgeschichte Al Capones von Chikago wird nicht erzählt. Brecht geht es darum, durch die Gangsterfolie der Basisverfremdung ein eigenes atmosphärisches Gewicht zu geben. (...)Das Stück vom Aufstieg des Ui richtet sich nicht, jedenfalls nicht primär, auf die Figur des großen Kapitalisten, sondern auf die des großen Diktators, der als Volksführer Verbrechen organisiert und für die Massen unerkennbar die Geschäfte des Kapitals besorgt."[29]

Und diesen Diktator, in dem Brecht nichts anderes sieht als den Verüber großer Verbrechen, will Brecht in seinem „Ui" der Lächerlichkeit preisgeben. „Die großen politischen Verbrecher müssen durchaus preisgegeben werden, und vorzüglich der Lächerlichkeit. Denn sie sind vor allem keine großen politischen Verbrecher, sondern die Verüber großer politischer Verbrechen, was etwas ganz anderes ist. Keine Angst vor der platten Wahrheit, wenn sie nur wahr ist! So wenig das Mißlingen seiner Unternehmungen Hitler zu einem Dummkopf stempelt, so wenig stempelt ihn der Umfang seiner Unternehmungen zu einem großen Mann. (...)Der Lump im kleinen darf nicht, wenn ihm die Herrschenden gestatten, ein Lump im großen zu werden, eine Sonderstellung nicht nur in der Lumperei, sondern auch in unserer Geschichtsbetrachtung einnehmen."[30]

Wie die Geschichte der amerikanischen Gangstersyndikate und speziell die Lebensgeschichte Al Capones lediglich als Folie dienen, also im „Ui" nicht im Verhältnis 1:1 umgesetzt werden, so kann auch der

---

29 B. Lindner, a.a.O., S. 38
30 Brecht, Bemerkungen zum „Ui", in Ui, S. 130

Aufstieg Uis im Stück nicht im Verhältnis 1:1 zum Aufstieg Hitlers gesehen werden, wenngleich eben in den Biographien Capones und Hitlers und in ihren jeweiligen Wegen zur Macht bestimmte Berührungspunkte bzw. Parallelen zu entdecken sind.

Die Verortung des Dramas im Gangstermilieu ist dabei für Brecht nichts Neues. Schon die „Dreigroschenoper" und das Theaterstück „Im Dickicht der Städte" sind in diesem Milieu angesiedelt, und die Stadt Mahagonny in der Oper „Aufstieg und Fall der Stadt Mahagonny" wird von Verbrechern gegründet.

Und auch die Figur des Ui verweist auf frühere Ideen und Vorhaben Brechts, v.a. auf das Prosafragment „Die Geschichte des Giacomo Ui", entstanden um 1938. Die Geschichte des Ui aus Padua, fünfzig Jahre nach seinem Tod im Rückblick erzählt, zeigt den Aufstieg des Dachdeckers Ui aus Padua zum Führer einer Partei und greift bereits Motive auf, die auch im Ui-Stück eine Rolle spielen werden, so den Schauspielunterricht Arturo Uis (Szene 7). Im Prosafragment heißt es hierzu über Giacomo Ui: „Reden und Schreiten lernte er bei einem alten Schauspieler, der ihm auch, da er einmal in seiner Glanzzeit den großen Colleone auf der Bühne hatte darstellen dürfen, dessen berühmte Haltung mit den vor der Brust verschränkten Armen beibrachte."[31] Auf die Darstellung des Rassismus, den der Ui im Fragment bereits kultiviert („Der Ui begnügte sich damit, das, was er vorfand, zu pflegen: den Haß gegen das Griechentum (...).")[32], verzichtet Brecht aber, in bewusster Beschränkung, im späteren Parabelstück.

---

31 Die Geschichte des Giacomo Ui, Fragment, zitiert nach Raimund Gerz (Hrsg.), Brechts Aufhaltsamer Aufstieg des Arturo Ui, Frankfurt am Main 1983, S. 150

32 Fragment, a.a.O., S.149

4.2. Parabel-Satire-Geschichtsfarce

Parabel: der antifaschistische Kern des Dramas

In den „Notizen" zum „Ui" hat Brecht das Drama ein **Parabelstück** genannt.[33] Damit stellt Brecht den „Ui" in Beziehung zu einer Form, derer er sich auf vielfältige Weise in seinem dramatischen Werk bediente. Zu den Parabelstücken Brechts sind etwa zu zählen „Die Rundköpfe und die Spitzköpfe", „Der gute Mensch von Sezuan" und „Der kaukasische Kreidekreis". Joost, Müller und Voges kommen zu der Einschätzung: „Zu den wichtigsten Mitteln, das als richtig Erkannte für eine spätere Rezeption dauerhaft zu bewahren, gehört wiederum die dramatische Parabel, die seit den späten dreißiger Jahren endgültig zum bestimmenden Formtypus des epischen Theaters wird. Sie ist aus dem aktuellen Bedürfnis entstanden, Erkenntnisse durch modellhafte Veranschaulichung praktikabel zu machen, erweist sich aber gleichzeitig als fähig, die Prinzipien des epischen Theaters in eine dauerhafte ästhetische Gestaltung zu überführen."[34]

Die Parabel als literarische Darstellungsweise ist eine Form uneigentlichen Sprechens und Schreibens. Sie bezieht ihre Spannung und ihr Erkenntnisvergnügen aus der Übertragungsmöglichkeit zwischen dem Gezeigten und dem Gemeinten, beleuchtet und erhellt also einen Gegenstand (ein Problem, ein Thema) durch analoge Vergleichsmöglichkeiten (Analogieschluss), ohne dass Gezeigtes und Gemeintes in allen Einzelheiten unmittelbar übertragen werden können.

---

33 siehe die Fußnote zu Beginn der Einleitung (Teil 1)

34 Jörg-Wilhelm Joost, Klaus-Detlef Müller, Michael Voges, Bertolt Brecht: Epoche-Werk-Wirkung (Hrsg. Klaus-Detlef Müller), München 1985, S. 254. B. Lindner unterscheidet bei Brechts Parabeln zwischen „abstrakten Parabelstücken", zu denen er u.a. „Der gute Mensch von Sezuan" und „Der kaukasische Kreidekreis" zählt, sowie den historischen Parabelstücken, „in denen zeitgeschichtliche Ereignisse in stark verfremdeter Weise bearbeitet werden", wozu er u.a. „Die heilige Johanna der Schlachthöfe" und „Die Rundköpfe und die Spitzköpfe" rechnet (vergl. B. Lindner, a.a.O., S. 29).

Im „Ui" geht es Brecht um eine dialektische Beziehung von Verhüllung und Enthüllung. So schreibt er im „Arbeitsjournal" am 1.4.1941: „im Ui kam es darauf an, einerseits immerfort die historischen vorgänge durchscheinen zu lassen, andererseits die ‚verhüllung' (die eine enthüllung ist) mit eigenleben auszustatten, dh, sie muß – theoretisch genommen – auch ohne ihre anzüglichkeit wirken. unter anderem wäre eine zu enge verknüpfung der beiden handlungen (*gangster-* und *nazihandlung*), also eine form, bei der die gangsterhandlung nur eine symbolisierung der anderen handlung wäre, schon dadurch unerträglich, weil man dann unaufhörlich nach der ‚bedeutung' dieses oder jenes zuges suchen würde, bei jeder figur nach dem urbild forschen würde, das war besonders schwer."[35]

Die Bestimmung, die Brecht hier vornimmt, zeitigt für die Anlage des „Ui" bestimmte Konsequenzen. Das Drama erhebt nicht den Anspruch, den Aufstieg Hitlers bis zur sog. „Machtergreifung" und zum Anschluss Österreichs historisch umfassend abzubilden, wenngleich bestimmten Etappen des Werdegangs Hitlers hinter einzelnen Szenen aufleuchten und Brecht durch die für die einzelnen Bilder vorgesehenen Zeittafeln den historischen Bezug immer wieder herstellt.[36]

Brecht klammert im „Ui" bestimmte historische und politische Zusammenhänge von vornherein aus, so etwa den Widerstand gegen Hitler (vor und nach der „Machtergreifung"). Auch Hitlers Rassenideologie, die antisemitische Propaganda der Nazis sowie außenpolitische Themen (Vertrag von Versailles) spielen im Stück keine Rolle. Brecht konzentriert sich ganz darauf, „der kapitalistischen Welt den Aufstieg Hitlers dadurch zu erklären, daß er in ein ihr vertrautes Milieu versetzt

---

35 AJ, S. 137 (Kursivsetzung im Original).
36 Die „Zeittafeln" befinden sich in einer unkorrigierten Fassung des Stücks in zwei unterschiedlichen Varianten im „Ui-Nachlaß", weichen aber nicht sehr stark voneinander ab. Die „Zeittafeln" sollten am Ende der jeweiligen Szene als Projektionen auftauchen. Heißt es in einer „Regieanweisung" bei Brecht zu den Projektionen zunächst nur „Eine Schrift taucht auf", so verstärkt Brecht die Funktion der Texte für die Herstellung eines historischen Zusammenhangs später durch den Zusatz „(....)welche bestimmte Vorfälle der jüngsten Vergangenheit ins Gedächtnis zurückruft." (zitiert nach Gerz, a.a.O., S. 263)

wurde"[37], das Milieu des Gangstertums nämlich. „Brecht will nicht die Totalität erfassen, er will Ausschnitte präsentieren, an deren Schnittpunkten die historische Spezifik am deutlichsten wird. Was am Aufstieg Uis untersucht wird, organisiert sich gerade nicht durch die primäre Handlung, sondern erst durch ihre Verbindung mit dem nichtgeschichtlich-konkret Realen, dem kunsthaften Mehr, und der dadurch aufgezeigten Differenz von Realem und Fiktion. Nicht, dass auf Hitler und andere verwiesen wird, ist entscheidend, vielmehr das, was an diesen in die Kunstfiguren aufgelösten Typen in der Abstraktion bzw. Verallgemeinerung an politischer Aussage konkretisiert wird."[38]

Wenn Brecht also im „Ui" die „Karriere" Hitlers beleuchtet, so tut er das nicht, um Hitlers Weg an die Macht abzubilden, sondern, auf der Folie tatsächlicher historischer Vorgänge, in verfremdeter Form Erkenntnisse aus dem Weg des Phänomens Hitler an die Macht zu ziehen. Diese Erkenntnisse sollen dazu dienen, für Gegenwart und Zukunft Konsequenzen im Kampf gegen die „großen Töter" aufzuzeigen, indem bestimmte Muster und Mechanismen des Aufstiegs Hitlers dargelegt werden. Dies macht schon der eigentümliche Titel des Stücks deutlich. Als Brecht das Stück schreibt, ist der Kampf gegen Hitler auf einem Tiefpunkt angelangt. Die deutschen Truppen beherrschen (noch) die Schlachtfelder in Europa, Widerstand gegen Hitler im eigenen Land ist nicht bemerkbar. Und der Ui des Stücks triumphiert mit der Einnahme Ciceros. Und dennoch nennt Brecht das Stück „Der **aufhaltsame** Aufstieg des Arturo Ui" (Hervorhebung durch mich, B.M.). Die Lehre der Parabel weist also über die Gegenwart hinaus, wobei Brechts Einschätzung des deutschen Faschismus und Hitlers bei der Gestaltung der Ui-Figur natürlich eine Rolle spielt.

Im amerikanischen Exil diskutiert Brecht mehrfach mit Lion Feuchtwanger über Hitler und die Möglichkeiten, seinen Aufstieg zu erklä-

---

37 Brecht, Vorspruch 2 in Ui, S. 129
38 Dieter Thiele, Bertolt Brecht-Der aufhaltsame Aufstieg des Arturo Ui/Grundlagen und Gedanken zum Verständnis des Dramas, Frankfurt am Main 1990, S. 26

ren. Am 27.2.1942 schreibt Brecht ins „Arbeitsjournal": „feuchtwanger und andere können mit dem phänomen HITLER nicht fertig werden, weil sie das phänomen herrschendes kleinbürgertum nicht sehen. das kleinbürgertum ist ökonomisch nicht eine selbständige klasse. es bleibt immer objekt der politik, jetzt ist es objekt der großbürgerlichen politik. (...) das ist das ‚hampelmännertum' hitlers. er ist ein ‚bloßer schauspieler', der den ‚großen mann' nur spielt (...für die dramatik würde das bedeuten, daß HITLER nur als charge (gallionsfigur) gestaltet werden könnte. das wäre aber unzulänglich (...). sein schicksal ist ein echtes, wenn man ihn an die grenzen der kleinbürgerlichen möglichkeiten prallen läßt, dabei wird er plötzlich eine ‚figur' und eine hauptrolle."[39]

Brecht sieht die nazistische Partei und Bewegung (und damit auch Hitler) von ihrem Doppelcharakter her. Die Bewegung kennzeichnet er als „kleinbürgerlich", das Kleinbürgertum, ganz im Sinne von Karl Marx, als zwischen den großen Klassen (Bourgeosie und Proletariat) stehend, als nicht fähig, selbst Politik zu gestalten, sondern immer nur Objekt der Politik. Die Politik wird aber bestimmt, so Brechts Einschätzung, vom Großbürgertum, womit Brecht das Industrie- und Bankkapital meint, für das Hitler den „Hampelmann" gibt.

Unter den Bedingungen der ökonomischen, sozialen und politischen Krise (am Ende der Weimarer Republik), der Krise der bürgerlichen Gesellschaft überhaupt, stellt der Faschismus für Brecht die Herrschaftsform dar, unter der die Verwertungsbedingungen der kapitalistischen Industrie gesichert werden können, indem die demokratisch-parlamentarischen Verkehrsformen abgestreift und zerschlagen werden und an ihre Stelle eine Diktatur tritt. Der Kapitalismus kann „nur mehr in seiner allernacktesten und brutalsten staatlichen Form (...)versuchen, sich gegen seine nunmehr stabilisierte Krise zu halten."[40]

Dabei kann es der kleinbürgerlicher Bewegung einerseits durchaus gelingen, sich eine Massenbasis zu schaffen (wie es der Nazi-Bewe-

---

39 AJ, S. 265
40 Brecht, zitiert nach Thiele, a.a.O., S. 12

gung in Deutschland ja auch tatsächlich gelungen ist), gleichzeitig kann diese Bewegung sich in einer gewissen Eigengesetzlichkeit entwickeln: „die ausweglopeste aller klassen, das kleinbürgertum, etabliert sich diktatorisch in der ausweglosesten situation des kapitalismus. die diktatur ist nur insofern scheinbar, als sie sich zwischen den weiterbestehenden klassen durchsetzt, so das ‚natürliche' (ökonomische) gewicht des großbürgertums (junkertums) zur verschärften geltung bringt und nicht im ‚sinn' des kleinbürgertums regiert; es ist handlangertum, faustlangertum, aber die faust hat eine gewisse selbständigkeit; die industrie bekommt ihren imperialismus, aber sie muß ihn nehmen, wie sie ihn bekommt, den hitlerschen."[41]

Hitler (und mit ihm der Faschismus) wird also nicht als „Betriebsunfall der Geschichte" gesehen, sondern im Kontext einer ökonomischen und politischen Entwicklung, deren äußerste Konsequenz er ist. Sein „Hampelmännertum" (er spielt den großen Mann) hat insofern einen funktionalen Aspekt: er erscheint als „groß", ist es aber nicht wirklich bzw. ist es nur innerhalb der ihm gezogenen Grenzen. Führt man ihn (auf der Ebene der Darstellung im Drama) an diese Grenzen, wird er, so Brecht, von einer „charge" zur „figur". Es gilt also, das Phänomen Hitler in seiner Doppelnatur bzw. seiner inneren Dialektik zu zeigen. Dem „Hampelmännertum" Hitlers (Hitler als Marionette von Industrie und Junkertum) steht Hitler als **bürgerlicher** Politiker nicht als Gegensatz gegenüber, sondern als Teil eines Ganzen. Er macht Politik für die herrschenden Klassen und hebt sich gleichzeitig über sie, er bleibt innerhalb der kapitalistisch organisierten Gesellschaft und übt gleichzeitig seinen Terror über sie aus, indem er die gesamte Macht bei sich konzentriert. „man bekämpft HITLER nicht, wenn man ihn als besonders unfähig, als auswuchs, perversität, humbug, speziell pathologischen fall hinstellt und ihm die anderen bürgerlichen politiker als muster, unerreichte muster, vorhält; wie man ja auch den faschismus nicht bekämpfen kann, wenn man ihn vom ‚gesunden' bürgertum (reichswehr und industrie) isolieren und ‚allein' beseitigen will. würde man ihn goutieren, wenn er ‚groß'wäre? – aber auch eine tiefgreifen-

---

41 AJ, S. 266 f.(Eintrag v. 28.2.1942)

de dramatische darstellung zb scheint mir nicht möglich, wenn übersehen wird, daß er eine wirklich nationale erscheinung, ein ‚volksführer', ist, ein schlauer, vitaler, unkonventioneller und origineller politiker, und seine äußerste korruptheit, unzulänglichkeit, brutalität usw kommen erst dann wirkungsvoll ins spiel."[42]

Um diese innere Dialektik Hitlers zum Tragen zu bringenden, bedient sich Brecht der Mittel des Satirischen und der Farce.

Satire und Geschichtsfarce

„Man hört heute ganz allgemein, es sei unstatthaft und aussichtslos, die großen politischen Verbrecher, lebendig oder tot, der Lächerlichkeit preisgeben zu wollen. Selbst das gemeine Volk, hört man, sei da empfindlich, nicht nur, weil es in die Verbrechen verwickelt wurde, sondern weil die Übriggebliebenen in den Ruinen nicht über derlei lachen könnten. Auch sollte man nicht offene Türen einrennen, da es deren in Ruinen zu viele gäbe; die Lektion sei gelernt worden, wozu sie jetzt den Unglücklichen noch einreiben? Sei aber die Lektion nicht gelernt, sei es gefährlich, ein Volk zum Gelächter über einen Machthaber aufzufordern, das es ihm gegenüber sozusagen an Ernst hat fehlen lassen, usw. usw."

Brecht wirft, nach dem Krieg und schon wieder in Deutschland, die Frage auf, ob angesichts der Toten des II. Weltkrieges und der Opfer des Holocaust einer Gestalt wie Hitler das Attribut der „Lächerlichkeit" noch angemessen sei, zumal das Volk (die potentiellen Rezipienten des Ui-Stücks) in die Verbrechen des Machthabers verwickelt war und nun in Ruinen haust. Er verteidigt seinen „Ui" mit dem Hinweis auf die Satire, deren Aufgabe es unter anderem ist, die Bewunderung für die „großen" Verbrecher zu zerstören. „Aber die Aufforderung an die Satire, sich hier nicht einzumengen, wo es sich um ernste Dinge handelt, ist damit noch nicht als unsittlich abgelehnt. Sie interessiert

---

42 AJ, S. 266
43 Ui, S. 130 (Bemerkungen zum „Ui")

sich gerade für ernste Dinge. (...) Die Geschichtsauffassung der Kleinbürger (und der Proleten, solange sie keine andere haben) ist größtenteils romantisch. Der erste Napoleon beschäftigte die arme Phantasie dieser Deutschen natürlich nicht durch den Code Napoléon, sondern durch Millionen seiner Opfer. Die Blutflecken stehen diesen Eroberern gut zu Gesicht, wie Schönheitsflecken."[44]

Brecht kehrt also mögliche Einwände gegen das Ui-Stück um. Gerade die Satire wendet sich ernsten Themen zu, und eine ihre Aufgaben kann es sein, durch die Lächerlichmachung der Herrschenden die verbreitete „romantische" (meint: idealistische) Geschichtsauffassung in den Köpfen der Menschen zu zerstören.

Der Einsatz satirischer Mittel im „Ui" erfolgt also nicht, um eine tragische Geschichte ins Komische zu verzerren oder ein „schweres Thema" mundgerecht zu servieren, sondern es geht darum, die Mystifizierungen „großer Männer", seien es nun große „Verbrecher" oder große „Helden" (wobei der Übergang zwischen beiden Gruppen sowieso fließend ist), in didaktischer Absicht aus den Köpfen zu bekommen. Die Mystifikation besteht schon alleine darin, dass die Verbrecher als „groß" gelten, weil sie große Verbrechen begangen haben.[45] Mit der Mystifizierung der Verbrecher geht die Bewunderung der Verbrechen einher, oder – umgekehrt aus der Bewunderung der Verbrechen entsteht die Mystifizierung der Verbrecher zu „großen Männern". „Dieser Respekt vor den Tötern muß zerstört werden."[46]

---

44 Ui, S. 131 f. (Bemerkungen zum „Ui")

45 Der Entmystifikation solcher großen Männer geht Brecht auch in seinem 1935 entstandenen Gedicht „Fragen eines lesenden Arbeiters" nach, das mit den Zeilen beginnt:
„Wer baute das siebenthorige Theben?
In den Büchern stehen die Namen von Königen.
Haben die Könige die Felsbrocken herbeigeschleppt?" (B. Brecht, Fragen eines lesenden Arbeiters, zitiert nach Edgar Neis, Politisch-soziale Zeitgedichte, Hollfeld 1978, S. 61)

46 Ui, S. 132 (Bemerkungen zum „Ui")

Die Mittel, derer sich Brecht im „Ui" bedient, um sein Ziel zu erreichen sind vielfältig: Parodie, Travestie, Persiflage, Groteske, Übertreibung. Um der Doppelgesichtigkeit Hitlers (und des Nazitums) aber gerecht zu werden, dürfen sich die satirischen Elemente, so Brecht, nicht verselbstständigen. Im „Hinweis" für die Aufführung bemerkt Brecht deshalb: „Jedoch muß reine Travestie natürlich vermieden werden, und auch im Grotesken darf die Atmosphäre des Schauerlichen keinen Augenblick versagen."[47]

Ist Brechts „Ui" von der Darstellungsform her als parabolischer Text zu kennzeichnen, so liegt die Absicht der Darstellung (bezogen auf die Entmystifizierung und Entmythologisierung Hitlers) im Satirischen[48]. Die Ausgestaltung des Stoffs gerät Brecht dabei zur Geschichtsfarce.

Wenn Brecht das Stück in der Arbeitsjournal-Notiz vom 28.3.41 (siehe oben) als „Gangsterhistorie" bezeichnet, so unterstreicht schon diese Bezeichnung, dass es sich bei dem Stück nicht um ein Geschichtsdrama handelt, das einen historischen Stoff (einen Abschnitt oder Ausschnitt der Geschichte) realistisch widerspiegeln will. Brechts „Ui" ist also weder Historiengemälde, also bebilderte Geschichte, noch erhebt Brecht, der ja „keinen allgemeinen gründlichen Aufriß der historischen Lage der dreißiger Jahre geben will" (Notizen zu „Ui", in Ui, S.133), den Anspruch, den Kern der Epoche herauszuarbeiten. Er beschränkt sich eben von vornherein, wenn auch auf historische Abschnitte des Aufstieg Hitlers rekurrierend, auf den Mythos vom „Verbrecher" Ui, um die „weltgeschichtliche Größe" der Figur zu demontieren. Die Farce als Dramentyp, derbkomisch angelegt und Schwächen entlarvend, indem sie das Typische der Figuren herausarbeitet, ist dabei auch von Tempo und Aufbau her geeignet, Brechts Absicht zu transportieren. Die von Brecht ‚vorgeschlagene Einstufung ‚Historienfarce' kommt dieser ‚Gangsterhistorie' näher als die Überbewertung ihres parabolischen Charakters. Auch die ungewöhn-

---

47 Brecht, Hinweis für die Aufführung, „Ui",S. 129
48 vergl. B. Lindner, a.a.O., S. 39

licherweise hinter die Szenen eingeordneten Projektionen der Zeittafel unterstreichen den beabsichtigten Eindruck eines Panoptikums, das insbesondere ohne die Gegenposition des Proletariats auskommt. (...)Wird das Farcenhafte zugrunde gelegt, dann fällt auf, das sein Merkmal auf die Geschwindigkeit der Abläufe bezogen ist."[49] Auch der von Brecht für den „Ui" geforderte Inszenierungsstil unterstützt das Farcenhafte des Stücks: „Das Stück muß, damit die Vorgänge jene Bedeutung erhalten, die ihnen leider zukommt, im **großen Stil** dargestellt werden; am besten mit deutlichen Reminiszenzen an das elisabethanische Historientheater, also mit Vorhängen und Podesten. (...)Nötig ist plastische Darstellung in schnellem Tempo mit übersichtlichen Gruppenbildern im Geschmack der alten Historienmalerei." (Hinweis für die Aufführung, Ui, S.129/Hervorhebung im Original). Der von Brecht geforderte „große Stil" findet im Stück u.a. seinen Ausdruck in der Versverwendung (Jamben).[50]

Die Übertragung der Handlung ins Gangstermilieu, die satirischen Elemente, die farcenhafte Anlage des Stücks und die Inszenierung sowie die Sprache im „großen Stil" wirken in ihrer Gesamtheit auf die Demontage jeglicher Glorifizierung des „großen Töters" hin, beabsichtigen die Lächerlichmachung eines „Imperators", der zur Zeit der Entstehung des Stücks Europa unter seinem Militärstiefel hat.

---

49 Klaus Völker, Brecht-Kommentar zum dramatischen Werk, München 1983, S. 230 f. Völkers Anmerkung bezüglich der Projektionen weist darauf hin, dass Brecht in anderen Stücken (etwa „Mutter Courage und ihre Kinder", „Galileo Galilei" u.a.) die Projektionen den Szenen vorangestellt hat.
50 Siehe hierzu aber ausführlicher den Abschnitt 4.4 (Die Doppelverfremdung: Gangstermilieu und großer Stil).

5. ZUM TEXT

5.1 Gang der Handlung/Erläuterungen zu den Szenen[51]

Nicht nur durch die einigen Bildern nachgestellten Zeittafeln weist Brecht sein Publikum auf die Beziehung zwischen dem Gezeigten (der Gangsterhistorie) und dem Aufstieg Hitlers hin. Auch die Namensgebung der Figuren und die Bezeichnung bestimmter Ereignisse und Orte ist Teils des Wechselspiels von „Verhüllung und Enthüllung". In einer Arbeitsnotiz zum „Ui" hat er die beabsichtigten „Parallelen" markiert. Zum besseren Verständnis der im folgenden Abschnitt behandelten Bilder sollen diese „Parallelen" hier vorab präsentiert werden:

---

[51] Dieser Abschnitt bietet eine Übersicht über den Inhalt der einzelnen Bilder und fügt Wort- und Sacherläuterungen hinzu. Der Prolog und der Epilog werden gesondert behandelt (siehe Teil 4.2.7). Bei den Informationen zu den historischen Anspielungen der einzelnen Bilder wird neben allgemeinen geschichtlichen Informationen u.a. auf die von Brecht vorgesehenen Texte der Zeittafeln zurückgegriffen (siehe „Ui", S. 127 f.). Naturgemäß kann es sich bei den Hinweisen zum historischen Hintergrund einiger Bilder nur um Grundlageninformationen handeln. Eine ausführliche Abhandlung über den Aufstieg der NSDAP und das Ende der Weimarer Republik muss den Rahmen eines solchen Interpretationsbandes sprengen. Zu diesem Abschnitt des Bandes vergl. u.a. Thiele, a.a.O., S. 20-23 und S.30-46, Lindner, a.a.O., S. 49 ff., Peter Beyersdörfer, Zur Geschichte des 3. Reiches, Hollfeld 1974, Reinhard Kühnl, Der deutsche Faschismus in Quellen und Dokumenten, Köln 1977, Alfred Krink, Die NS-Diktatur, Frankfurt am Main 1975, Walther Hofer (Hrsg.), Der Nationalsozialismus/Dokumente 1933-1945 sowie Gudrun Brockhaus, Schauder und Idylle. Faschismus als Erlebnisangebot, München 1997

„Die Parallelen

Dogsborough	Hindenburg
Arturo Ui	Hitler
Giri	Göring
Roma	Röhm
Givola	Goebbels
Dullfeet	Dollfuss
karfioltrust	junker und industrielle
gemüsehändler	kleinbürger
gangsters	faschisten
dockhilfeskandal	osthilfeskandal
speicherbrandprozeß	reichstagsbrandprozeß
Chicago	Deutschland
Cicero	Österreich."[52]

1. Szene

Die Führer des Karfioltrusts (Flake, Caruther, Butcher, Mulberry, Clark) treffen sich in der City von Chikago, um in einem Gespräch Wege aus der ökonomischen Krise zu suchen. (Clark: „Das Karfiolgeschäft in dieser Stadt ist aus." Ui, S.11) Zwar verfügt der Karfioltrust über genügend Ware, aber die Lebensmittelläden nehmen diese nicht mehr ab, weil die Käufer ausbleiben. Flake verweist im Gespräch darauf, dass im Vorraum „ein Kerl...namens Ui" wartet und seine Hilfe anbietet. Clark bezeichnet Ui sogleich als „Gangster" (Ui, S. 11). Über seinen Leutnant Roma hat Ui angeboten, die Grünzeugläden dazu zu bringen, den Umsatz zu verdoppeln, weil die Händler „lieber noch Karfiol kaufen als Särge". (Ui, S. 12)

---

52 Brecht, Die Parallelen, zitiert nach Gerz, a.a.O., S. 119

Man verständigt sich darauf, Uis Dienste noch nicht anzunehmen und ihn höflich hinauszukomplimentieren.

Stattdessen setzen die Führer des Trusts auf Dogsborough, den Wahlboss des Bezirks, den sie seit Jahren finanziell unterstützen. Von ihm erwarten sie eine Stadtanleihe, um die Geschäfte anzukurbeln. Mit dieser Anleihe sollen (angeblich) Arbeiten in den Docks finanziert werden; das durch diese Arbeiten vermehrte Einkommen der Arbeiter soll zu einer Erhöhung der Nachfrage nach Grünzeug führen. Dogsborough aber, so wird im Gespräch deutlich, ziert sich. Er findet das Begehren des Trusts „fischig" (Ui, S. 13). Trotz ihrer Enttäuschung über Dogsborough halten die Führer des Trusts an ihm fest, weil er im Volke Ansehen genießt und deshalb für die Zwecke des Trusts instrumentalisiert werden kann. Um ihn gefügig zu machen, soll eine Intrige gesponnen werden, die Butcher ankündigt:

„Wir müssen ihn belehren! Um den Mann is't's schad.
Ich hab ein Plänchen. Horcht, was ich Euch rat." (Ui, S. 16)

Worterklärungen

Trust: Synonym für Konzern, Zusammenschluss mehrerer Unternehmen zu einem Großunternehmen

Karfiol: Blumenkohl

Thompsonkanone: nach seinem Erfinder benanntes Maschinengewehr

Millsbombe: Eierhandgranate

fischig: unangenehm (riechend), aber auch vom angl.-amerik. Wort „fishy" (verdächtig/faul) herleitbar

Sacherklärungen

Am Ende der zwanziger Jahre und zu Beginn der dreißiger Jahre steckte die Weltwirtschaft in einer großen Krise, von der auch Deutschland hart getroffen wurde. So wuchs die Zahl der Arbeitslosen von rund 1,3 Millionen im Jahre 1928 auf über 6 Millionen im Januar 1932. Der Staatshaushalt wurde u.a. dadurch belastet, dass die Siegermächte des 1. Weltkriegs auf einer Konferenz in Paris (1929) Deutschland zu einer Zahlung von 34,5 Milliarden Goldmark an Reparationszahlungen verpflichteten.

Die „Stadtanleihe", um die im 1. Bild u.a. das Gespräch kreist, verweist auf die seit 1928 begonnenen (zunächst erfolglosen) Versuche der „preußischen Junker, Staatsanleihen zu ergattern (...)." (Ui, S.127)

2. Szene

Wird im 1. Bild ganz allgemein auf die wirtschaftliche Krise angespielt, so wird sie nun im 2. Bild am Reeder Sheet konkretisiert. Dieser war zu der im 1. Bild dargestellten Besprechung nicht erschienen, weil er versuchte, Kredite für seine Reederei zu erlangen („Er läuft von Bank zu Bank jetzt.", Ui, S.11). Sheets Versuche, an Geld zu kommen, sind aber erfolglos geblieben („Die ganze Stadt näht sich die Taschen zu.", Ui, S.17), Flake, als Vertreter des Trust, konfrontiert den in höchster Not befindlichen Sheet nun mit dem Vorschlag, die Reederei an den Trust zu verkaufen. Sheet lehnt zunächst empört ab, wird aber von Flake immer wieder auf seine ausweglose Situation verwiesen. Die Fragen Sheets, zu welchem Zweck der Trust die Reederei erwerben will, bleiben unbeantwortet.

Während des Gesprächs schlendern Ui, Ernesto Roma und ein Leibwächter Uis an Flake und Sheet vorbei, Flake fixierend und ihm böse Blicke zuwerfend. Das Gespräch wendet sich daraufhin Ui zu, über den Flake, ängstlich lachend, sagt:

„Wie diesen Ui gibt es jetzt viele schon.
Das überzieht die Stadt jetzt wie ein Aussatz
der Finger ihr und Arm und Schulter anfrißt." (Ui, S. 19)

Sheet, auf das Angebot des Trusts verweisend, ihm die Reederei in dieser Notsituation abzukaufen, konstatiert eine Ähnlichkeit zwischen Roma und Flake in Haltung und Stimme.

Resignierend stimmt er dem Verkauf der Reederei zu:
„Gebt mir 'nen Fußtritt dafür oder zwei!
Gebt mir zwei Fußtritte, das ist etwas mehr." (Ui, S. 20)

Worterklärungen

Sheet: „Ich lief vom Pontius zum Pilatus.": Pontius Pilatus war römischer Statthalter in Palästina; die sprichwörtliche Redewendung bedeutet, unnütz von einem zum anderen laufen.
Der Evangelist Lukas (Lukas 23/6-12) schildert, wie Pilatus Jesus zunächst zu Herodes bringen lässt, um Jesus von diesem verhören zu lassen. Herodes schickt Jesus, der vor ihm schweigt, aber wieder zu Pilatus zurück.

Browning: nach ihrem Erfinder benannte Pistole.

Sacherklärungen

Die oben zitierte Bemerkung Flakes, dass es in der Stadt viele wie Ui gibt, ist als Hinweis auf die zahlreichen radikalen Splittergruppen in der Weimarer Republik zu verstehen. Hitler mußte sich auf dem Weg zur Macht nicht nur gegen konkurrierende Gruppen und Parteien des rechten und nationalen Spektrums durchsetzen, sondern auch innerhalb der NSDAP (Auseinandersetzung mit dem sog. Strasser-Flügel der Partei). 1924 gelang der NSDAP der Einzug in den Reichstag mit 14 von 493 Abgeordneten, 1928 erzielte sie lediglich 2,6 Prozent der

Stimmen und war nur achtstärkste Partei im Parlament, in dem sie jetzt mit 12 Abgeordneten vertreten war.

3. Szene

Das 3. Bild zeigt Butcher und Flake, die Vertreter des Trusts, in einem Hinterzimmer von Dogsboroughs Gasthof. Dogsborough, Gläser spülend und seinen Sohn an der Seite, der einzelne Phrasen und Sentenzen des Vaters wiederholt, lehnt gleich zu Beginn den Wunsch des Trusts nach einer Anleihe ab. Er gibt sich, was die ökonomische Entwicklung angeht, optimistisch: „Kopf hoch, Jungens!" (Ui, S. 21)

Butcher und Flake, die die Ablehnung der Anleihe kurz und knapp akzeptieren („Wir fragen, du sagst nein. Gut, dann ist's nein." Ui, S. 20) überraschen Dogsborough mit einem „Geschenk" des Karfioltrusts. Anlässlich des nun zwanzigjährigen Ausscheidens von Dogsborough aus seinem Amt als Kantinenwirt des Trusts, um sich dem „Wohl der Stadt" zu widmen (Ui, S. 21), bietet der Trust ihm die Aktienmehrheit von Sheets Reederei zu einem Vorzugspreis von 20 000 Dollar an („das ist noch nicht die Hälfte ihres Werts", Ui, S.22). Dogsborough ist zunächst misstrauisch, vermutet einen Haken an der Sache:

„Wenn
Da nicht ein Pferdefuß zum Vorschein kommt...
Ihr habt die Anleih wirklich aufgegeben?" (Ui, S. 24)

Doch Flake und Butcher bestreiten jegliche Hintergedanken.

Für die im 1. Bild angedeutete Intrige wird im 2. Bild die Voraussetzung geschaffen (Abpressung der Aktion von Sheets Reederei). Im dritten Bild wird die Intrige ausgeführt.

Dogsborough ergreift Butchers Hand zum Zeichen der Annahme des Aktienpakets und sagt:

„Butcher und Flake, ich nehm's." (Ui, S.25)

Sacherklärungen

„Um den Reichspräsidenten Hindenburg für die Nöte der Gutsbesitzer zu interessieren, machen die Junker ihm einen Gutsbesitz zum Ehrengeschenk" (Ui, S. 127/Zeittafel 3) Dieses „Geschenk" erhielt Hindenburg im Jahre 1927 zu seinem 80. Geburtstag.

4. Szene

Wird über Ui und seine Gang im ersten und zweiten Bild lediglich gesprochen, wobei er im zweiten Bild kurz auf der Bühne erscheint, so zeigt ihn das vierte Bild (in einem Wettbüro angesiedelt) in tiefer Depression. Vier Monaten sind seit seinem vergeblichen Versuch vergangen, mit dem Karfioltrust ins Geschäft zu kommen.

Roma: „(...) Seit Dich der Trust wegschickte
Sitzt du, vier Monate jetzt schon, herum
Und brütest. Pläne! Pläne! Halbherzige
Versuche! Der Besuch beim Trust brach dir
das Rückgrat! (...)" (Ui, S.26)

Roma schlägt Ui vor, Straße um Straße die Grünzeugläden durch Terror unter Druck zu setzen, um dann von ihnen Schutzgeld zu erpressen. Doch Ui befürchtet, der Polizei schutzlos ausgeliefert zu sein. Roma weist daraufhin auf Gerüchte hin, die Givola aufgeschnappt hat. Der Karfioltrust soll „anheimelnd faul" riechen, in einen Skandal verwickelt sein, in dem auch Dogsborough eine Rolle spielt. Vom Pressemann Ragg, der das Wettbüro aufsucht, werden diese Gerüchte indirekt bestätigt. Doch gleichzeitig provoziert Ragg Ui, behauptet, Uis Gefolgsmann Givola laufe zu Capone über, weil Uis Gang in der Krise stecke. Ragg wird aus dem Lokal geworfen.

Giri stößt zur Gruppe, den ehemaligen Prokuristen Sheets in Begleitung. Der Prokurist Bowl, von Doghsborough entlassen, teilt Ui und seinen Kumpanen nun mit, dass Dogsborough die ehemalige Sheet-

Werft gehört und dass er, durch die Übernahme der Aktien selbst Mitglied im Karfioltrust, die Stadtanleihe nun doch gewährt hat. Ui sieht jetzt seine Chance gekommen.

Ui: „(...) Das ist korrupt!
Bei Gott! Der Dogsborough hat Dreck am Stecken!" (Ui, S. 32)

Mit Ernesto Roma und seinem Leibwächter bricht er auf, um Dogsborough unter Druck zu setzen.

Worterklärungen

Gemüseracket: Rackets sind Gangsterorganisationen, die durch Schutzgelderpressung einen Stadtteil bzw. bestimmte Handelsbereiche eines Territoriums (hier den Grünzeughandel) in ihre Gewalt bekommen. Das Prinzip der „rackets" beruht darauf, dass die Händler gezwungen werden, bei der gleichen Organisation ihre Waren zu beziehen, die ihnen den „Schutz" gewährt. Geht ein Händler auf dieses Geschäft nicht ein, wird sein Laden systematisch zerstört.

Capone: Al Capone wurde am 17.1.1899 in New York geboren und stieg zum Gangsterboss in Chicago auf. Im Stadium fortgeschrittener Syphilis wurde er 1939 aus der Haft entlassen. Er starb am 25.1.1947.

Capua. Stadt nördlich von Neapel. Auf die Frage Raggs „Wie steht's in Capua?" reagiert Ui mit Unverständnis. Der Zusatz Raggs: „Das war ein kleiner Ort Wo einst ein großes Heer verkam. Durch Nichtstun, Wohlleben, mangelnde Übung." (Ui, S.28) ist eine Spitze gegen Ui und seine Gang, über deren momentane Perspektivlosigkeit sich Ragg lustig macht. In Capua überwinterten die Truppen Hannibals nach der Schlacht bei Cannae im Jahre 216.

Kurzbein Givola: Anspielung auf Goebbels' Behinderung. Eines der Gang-Mitglieder Al Capones war, wie Givola im „Ui", ebenfalls körperbehindert und Inhaber eines Blumenladens.

Dem Gangster flicht die Nachwelt keine Kränze (Ui, S.29): Anspielung auf den Prolog zu Schillers „Wallenstein", wo es heißt: „Dem Mimen flicht die Nachwelt keine Kränze."

Die wankelmütige Menge wendet sich zu neuen Helden: In Schillers „Maria Stuart" findet sich (IV/3, Vers 3261 f.):

Die wankelmüt'ge Menge,
Die jeder Wind herumtreibt! Wehe dem,
Der auf dies Rohr sich lehnet."

Sacherklärungen

Das Bild spielt auf die Krisen in der Entwicklung der NSDAP an. Zwischen 1924 und 1929 war ihre Anhängerschaft stark zurückgegangen, die Wahlerfolge waren nur mäßig. Das Wahlpublikum wandte sich wieder verstärkt den bürgerlichen Parteien und den Arbeiterparteien zu. Hitlers Partei war desorientiert und ohne sichere Perspektiven, zumal das bürgerliche Lager Hitler mit Misstrauen begegnete. Auch die innerparteilichen Widersprüche verschärften sich in dieser Zeit. Hitler gelang es erst nach dem Parteiaustritt Otto Strassers (1930), seine Führungsposition in der NSDAP ausbauen.

Eine entscheidende Wende kam mit der Wahl vom 14. September 1930. Die krisenhafte wirtschaftliche Lage trieb den Nationalsozialisten neue Wähler zu. Nach den Sozialdemokraten wurde die NSDAP zweitstärkste Partei im Deutschen Reichstag. Sie gewann 18,3 % der abgegebenen Stimmen und eroberte 107 Reichstagsmandate. Hitlers innerparteiliche Position wurde zudem durch Joseph Goebbels verstärkt, der zum Führungszirkel der NSDAP stieß.

Doch auch nach dieser Wahl war Hitler nicht an seinem Ziel. Hindenburg widersetzte sich zunächst allen Bestrebungen, Hitler in eine Koalitionsregierung einzubinden.

5. Szene

Der Beginn des 5. Bildes zeigt einen in Zweifeln befindlichen Dogsborough. Ihm dämmert, dass seine windige Beziehung zum Trust Probleme bringen kann. Er hat im Vertrauen darauf, dass die von Sheet übernommene Werft, als deren Eigentümer er nicht offen aufgetreten ist, Gewinne abwirft, dem Ansinnen des Trusts, eine Stadtanleihe auszugeben, nachgegeben und selbst Gelder davon genommen. Sieht er die Zustimmung zur Anleihe noch als rechtens an, obwohl mittlerweile feststeht, dass das Geld nicht für den vorgesehen Zweck benutzt worden ist („noch ist kein Pfund Zement gekauft", Ui, S.34), sondern in die Kassen des Trust geflossen ist, hält er die Übernahme des Landhauses (ein Geschenk des Trusts) mittlerweile für einen Fehler.

Per Telefongespräch, dessen Inhalt ihm sein Sohn mitteilt, erfährt Dogsborough, dass im Stadthaus beantragt worden ist, die Vergabe der Anleihe zu untersuchen. In diesem Moment wird Ui angekündigt. Roma tritt ein, und als Dogsborough ihn hinauswerfen will, droht Roma unverholen mit Männern, die im Flur bereitstehen, um ein Gespräch Dogsboroughs mit Ui zu erzwingen.

Ui schildert Dogsborough zunächst seinen Werdegang, klagt dann, dass er verkannt und von der Polizei verfolgt wird, und fordert Dogsborough auf, für ihn als Bürge aufzutreten. Er will mit dem Trust ins Geschäft kommen und dafür sorgen, dass der Grünzeughandel in Ruhe ablaufen kann. Als Dogsborough empört ablehnt, verschärft Ui Inhalt und Ton seiner Rede („Ich werd Sie bloßstellen! Die Beweise hab' ich! Sie sind verwickelt in den Kaianlagen-Skandal.", Ui, S. 40) Im Ton changierend zwischen Betteln und Bitten, Jammern und Weinen, Einschüchtern und unter Druck setzen, droht er endlich damit, die Verwicklung Dogsboroughs in den Skandal aufzudecken.

Dogsborough setzt immer noch darauf, dass die Untersuchung nicht stattfinden wird bzw. dass seine Beteiligung am Trust nicht bekannt wird.

Dogsborough:
Bevor ich mich mit Ihnen einlass', will ich
Lieber zugrund gehn!

Ui:
Ich bin aus. Ich weiß es.
Ich bin jetzt vierzig und bin immer noch nichts!
Sie müssen mir helfen!

Dogsborough:
Niemals!

Ui:
Sie, ich warn Sie
Ich werde Sie zerschmettern! (Ui, S. 41)

Doch Dogsborough bleibt standhaft, Ui und seine Gefolgsleute ziehen ab.

Darauf erscheinen Gaffles und Goodwill, zwei Vertreter der Stadtverwaltung, und berichten von der Debatte im Stadthaus. Die Mehrheit der Versammelten stand dabei hinter Dogsborough. Doch die Vertreter des Karfioltrusts haben Sheets Reederei ins Spiel gebracht („die Anleih sei direkt an Sheets Reederei gegeben und die Kontrakte mit den Baufirmen waren von Sheets Reederei zu tätigen.", Ui, S.43). Goodwill fordert Dogsborough auf, einen Mann ins Stadthaus zu schicken, der „unparteiisch" die Sache untersuchen soll. Dogsborough stimmt zu.

Worterklärungen

Kampfer: Heilmittel

Sein Bild geschwärzt vor Neid/Sein Wollen entstellt von Niedertracht: erneut eine Anspielung auf Schillers „Wallenstein". Im Prolog heißt es über Wallenstein u.a.:

„Von der Parteien Gunst und Hass verwirrt
Schwankt sein Charakterbild in der Geschichte.
Doch euren Augen soll ihn jetzt die Kunst,
Auch eurem Herzen, menschlich näher bringen." (V. 102-105)

Sohn der Bronx: spielt einerseits an auf die Herkunft Al Capones aus diesem Stadtteil New Yorks, hebt andererseits ab auf die sich durch das Stück ziehende Betonung Uis seiner einfachen Herkunft. Auch Hitler hob in seinen Reden immer wieder seine Herkunft aus dem einfachen Volk hervor (siehe den Verweis auf die bereits in Teil 2 zitierte Rede Hitlers vom 30.1.1945).

Doch außer Ihrem Haar ist nichts an Ihnen weiß: Anspielung Uis auf das weiße Haar Dogsboroughs, der nun aber keine „weiße Weste" mehr hat.

Sacherklärungen

„Im Januar 1933 verweigert der Reichspräsident Hindenburg mehrmals dem Parteiführer Hitler den Reichskanzlerposten. Jedoch hatte er die drohende Untersuchung des Osthilfeskandals zu fürchten. Er hatte auch für das ihm geschenkte Gut Neudeck Staatsgelder genommen und sie nicht dem angegebenen Zweck zugeführt." (Ui, S. 127, Text zu Bild 5) (siehe hierzu den Sachkommentar zu Bild 6)

Die Juliwahlen 1932 hatten Hitlers Partei zur stärksten Fraktion im Reichstag gemacht, Hermann Göring wurde Reichstagspräsident. Hindenburg wehrte Hitlers Ansinnen, ihn zum Kanzler zu ernennen, aber ab. Einem Misstrauensvotum unter Beteiligung der Nationalsozialisten kam die Regierung von Papen mit der Auflösung des Reichstages zuvor.

6. Szene

Der Ort des 6. Bildes ist das Stadthaus, in dem die Untersuchung zum Dockhilfeskandal stattfinden soll. Zu Beginn wird in einem Gespräch zwischen Mulberry, Caruther, Flake und Clark herausgestellt, dass Sheet die Folgen des Skandals auf sich nehmen soll, um Dogsboroughs Verwicklung in das Geschäft zu decken. Dieser wiederum soll dafür sorgen, dass Sheet nicht ins Gefängnis muss, wenn es zu einer Verurteilung kommen sollte.

Gaffles kommt mit der Nachricht, Sheet sei tot aufgefunden worden, woraufhin O'Casey, der Anklagevertreter, bohrend nach den Besitzverhältnissen an der Reederei fragt. Er wird auf den Mann verwiesen, den Dogsborough mit der Untersuchung beauftragt hat.

Ui, von Roma und Leibwächtern begleitet, erscheint, begrüßt sogleich Clark und Dogsborough freundlich und gibt sich als der Mann zu erkennen, den Dogsborough beauftragt hat. Ui konstatiert, dass das von der Stadt als Anleihe ausgegebene Geld veruntreut worden ist, und belastet Sheet. Den (vermeintlichen) Selbstmord Sheets, der angeblich ein Billett nach Frisco in der Tasche hatte, nimmt er als Beweis für dessen Schuld. Er behauptet, zur Zeit des Todes von Sheet in Cicero gewesen zu sein, und gibt Roma als Zeugen an.

O'Casey wendet sich darauf hin an Dogsborough und will von ihm wissen, wem die Reederei gehört habe:

„Wär's möglich
Daß doch ein anderer der Besitzer war
Als der Betrug geschah, der uns beschäftigt?
Was meinst Du, Dogsborough?" (Ui, S. 50)

Dogsborough schweigt, während Ui und Clark gemeinsam auf das Ansehen Dogsboroughs verweisen. Doch O'Casey läßt sich nicht beirren, behauptet schließlich, Dogsborough sei im Besitz der Reederei gewesen, als er selbst die Stadtanleihe befürwortete. Um seinen Vorwurf zu untermauern, will er Bowl, den ehemaligen Prokuristen Sheets, in den Zeugenstand rufen. Doch statt Bowl erscheinen Polizisten mit seiner Leiche. Auf dem Weg in den Verhandlungsraum ist Bowl erschossen worden. Resignierend muß O'Casey feststellen:

„'s ist Bowl. Meine Herrn, mein Zeuge ist nicht mehr Vernehmungsfähig, fürcht ich." (UI, S.53)

Mit ausgestreckter Hand geht Ui auf Clark und Dogsborough zu und sagt:

„Meinen Glückwunsch, Dogsborough!
Ich will, daß Klarheit herrscht. So oder so." (Ui, S.53)

Worterklärungen

Cicero: Stadtteil von Chikago, den Capone zuerst in seine Gewalt bekam.

Ist weiß hier nicht mehr weiß, schwarz nicht mehr schwarz?: Erneut eine Anspielung auf Dogsboroughs weißes Haar, das zuvor in der Szene Flake als Beweis von Dogsboroughs Ehrenhaftigkeit angeführt hat („Sein weißes Haar müßt Euch belehren, daß in ihm kein Arg sein kann." Ui, S. 51)

Abraham Lincoln: amerikanischer Präsident

Sacherklärungen

„Als der Reichskanzler General Schleicher mit der Aufdeckung der Unterschlagungen von Osthilfegeldern und Steuerhinterziehungen drohte, übergab Hindenburg am 30.1.1933 Hitler die Macht. Die Untersuchung wurde niedergeschlagen." (Ui, S.127, Text zu Bild 6)

Die Novemberwahlen (1932) gingen mit einem Stimmenverlust der Nationalsozialisten einher (sie verloren 2 Millionen Stimmen und 34 Reichstagsmandate). Dennoch gelang es von Papen nach der Wahl nicht, eine tragfähige Koalition zustande zu bringen. An Hitlers NSDAP, so schien es, führte nach dieser Wahl kein Weg mehr vorbei.

Von Papen wurde durch General Schleicher als Reichskanzler ersetzt. Schleicher setzte auf spalterische Tendenzen innerhalb der NSDAP. Hitler aber hielt seine Partei straff zusammen und baute die Kontakte zu den Deutsch-Nationalen Hugenbergs aus. Von Schleicher erkannte, dass er für ein Kabinett keine Mehrheit im Parlament finden würde und forderte Hindenburg auf, den Reichstag abermals aufzulösen. Doch Hindenburg beauftragte nun erneut von Papen mit der Bildung einer Regierung. Von Papen zerstreute die Bedenken Hindenburgs gegen eine Einbindung Hitlers ins Kabinett. Am 30. Januar 1933 stimmte Hindenburg der Bildung der Regierung Hitler (von Papen sollte Vizekanzler werden) zu.

Im „Osthilfeskandal", der historischen Folie für Brecht (siehe den Text der Schrifttafeln zu Bild 5 und 6), ging es um die Veruntreuung von Geldern für die Landwirtschaft in ostelbischen Gebieten. SPD und Zentrum beantragten eine Untersuchung im Parlament. Hindenburgs Rolle in dem Skandal besteht darin, dass er aufgrund von Schenkungen selbst zum ostelbischen Grundbesitzer geworden war (Gut Neudeck und Gut Langenau) und somit Nutznießer des Förderprogramms war.

Die Bedeutung dieses Skandals für die Ernennung Hitlers zum Reichskanzler ist historisch wohl weniger wichtig, als sie im Stück auf den ersten Blick erscheint (immerhin beschäftigen sich die Bilder 4, 5 und 6 sowie die Texte zu Bild 5 und 6 mit diesem Skandal).[53] Es muss deshalb an dieser Stelle noch einmal daran erinnert werden, dass es Brecht nicht um eine historisch exakte Abbildung des Aufstiegs Hitlers ging (so spart er ja auch zwischen Bild 5 und 6 die Ernennung Uis zum Beauftragten Dogsboroughs aus). Es geht vielmehr um die Darstellung von Korruptheit, Intrigen, undurchsichtigen Machenschaften und Ränken in der Endphase der Weimarer Republik sowie um

---

53 auch die Darstellung und die Bewertungen der Vorgänge durch die Historiker sind uneinheitlich (vergl. hierzu z.B. Hans Mommsen, Die verspielte Freiheit. Der Weg der Republik von Weimar in den Untergang, Frankfurt am Main/Berlin 1990, bes. S. 381-384 und S. 436-438 sowie Heinrich August Winkler, Weimar 1918-1933. Die Geschichte der ersten deutschen Demokratie, München 1993, S. 466 ff.

die Verknüpfung von wirtschaftlichen Interessen und politischer Sphäre. Die Schrifttafeln sollen, so Brecht, eben nicht den „allgemeinen Aufriß" suchen, sondern den Zug des Ausschnitthaften, Panoptikumhaften (...) verstärken." (Notizen, in Ui, S. 133 f.)

7. Szene

Ui empfängt im Mammoth-Hotel, in dem er residiert, einen heruntergekommenen Schauspieler, bei dem er Unterricht im „Auftreten" nehmen will. Der Schauspieler Mahonney preist sich Ui mit den Worten an: „Wie man klassisch auftritt, kann der alte Mahonney Ihnen in zehn Minuten beibringen." (Ui, S.54) Er stellt sich als Shakespeare-Darsteller vor, dessen Kunst aber in den modernen Zeiten keine Anerkennung mehr findet. In einem „Schnellkurs" bringt er Ui das Gehen, das Stehen vor Leuten, das Sitzen und schließlich das Reden bei. Während Givola zu Beginn noch mehrfach Einwände erhebt („Er ist passé. (...) Aber so kannst Du nicht vor den Karfiolhändlern gehen! Es ist unnatürlich!", Ui, S.51), erkennt Ui instinktiv, weil auf Wirkung bedacht, den Nutzen der ihm vermittelten Verhaltensweisen („Kein Mensch ist heut natürlich. Wenn ich gehe, wünsche ich, daß es bemerkt wird, daß ich gehe.", ebenda)

Er eignet sich, unterstützt und immer wieder korrigiert von Mahonney, bestimmte Posen an. Beim Gehen legt er die Hände vor dem Geschlechtsteil zusammen, beim Stehen verschränkt er die Arme so vor der Brust, dass die auf den Oberarmen liegenden Handrücken sichtbar bleiben.

Auf die Frage Givolas: „Wozu machst du das? Nur für die feinen Herrn im Trust?", antwortet Ui:

„Natürlich nicht. Selbstredend
Ist's für die kleinen Leute. (...).
(Es kommt drauf an)
Wie sich der kleine Mann halt seinen Herrn
Vorstellt. Basta." (Ui, S.57)

Auch den Vorschlag Givolas, die volkstümliche Rolle Dogsboroughs ab jetzt von Giri spielen zu lassen, wischt Ui beiseite. Anhand der Antoniusrede aus Shakespeares Drama „Julius Cäsar" weist Mahonney Ui in die Kunst der klassischen Rede ein. Zunächst noch unterbrochen und verbessert durch den Schauspieler, trägt Ui die Antoniusrede schließlich ohne die Unterstützung durch Mahonney vor.

Worterklärungen

Mammoth-Hotel: Mammut-Hotel, Anspielung darauf, dass sowohl Al Capone als auch Hitler sich gerne in Hotels aufhielten

Broadway: New Yorks berühmte Theaterstraße

Hüte sammeln: wird mehrfach im Stück erwähnt (siehe z.B. S. 80 und 85);das Hüte-Motiv spielt auf die Sammelleidenschaft Görings an (Orden, aber auch Ämter und Kunstwerke), verdeutlicht aber gleichzeitig dessen Brutalität (es handelt sich immer um Hüte von Figuren, an deren Erschießung Giri direkt oder indirekt beteiligt war). Reinhard Merker sieht in Göring die Mischung des „Machtmenschen und des Genießers, der es mit der Frage der bloßen ‚Theorie' hielt, wie er es wollte (...); er konnte Zoten reißen *und* Gründgens schätzen." (Reinhard Merker, Die bildenden Künste im Nationalsozialismus. Kulturideologie, Kulturpolitik, Kulturproduktion. Köln 1983, S. 115)[54]

Sacherklärungen

„Dem Verlauten nach erhielt Hitler Unterricht in Deklamation und edlem Auftreten von dem Provinzschauspieler Basil." (Inschrift nach Bild 7, Ui, S. 127)

---

54 D. Thiele weist im Zusammenhang mit der Redewendung vom „Hüte sammeln" darauf hin, dass der Hut bei Brecht oft als Requisit der Herrschenden und Mächtigen fungiert (siehe Thiele, a.a.O., S. 22).

Der Unterricht im öffentlichen Auftreten hat für Ui eine doppelte Funktion. Er will sich im Kreise der Herrschenden sicher bewegen, vom Straßenganoven zum Gangster im Frack werden. Gleichzeitig richtet sich das Erlernen des öffentlichen Auftretens von seiner Funktion her an die Masse der Beherrschten, denn Ui will werden, „wie sich der kleine Mann halt seinen Herrn vorstellt." Er knüpft also an das (herrschende und falsche) Bewusstsein vom Auftreten eines Politikers an. Es geht nicht darum, was er wirklich ist, sondern als was er erscheinen will/soll.

Brecht hat die einstudierten Posen Hitlers anhand von gesammelten Zeitungsausschnitten und Photos untersucht und das gestische, rhetorische und mimische Repertoire Hitlers in dieser Szene auf Grundelemente reduziert. Gleichzeitig hebt die Szene darauf ab, dass Hitler tatsächlich Unterweisungen im Deklamieren erhalten hat. Der Operntenor Paul Devrient hat im Jahre 1932 Hitler Unterricht in Stimmführung und im Auftreten gegeben und ihn auch während der Wahlreisen im Frühjahr 1932 begleitet.

Mit dieser Szene thematisiert Brecht ein zentrales Moment des „Führerkultes", das öffentlich inszenierte Auftreten Hitlers, dessen Reden Höhepunkte choreographierter Massenveranstaltungen waren (unter Einbeziehung des Raums, des Lichts, der Musik, der Fahnen, Transparente, der unformierten Parteimitglieder). Gudrun Brockhaus schreibt über diesen Aspekt des Auftretens Hitlers: „Wie können wir das Wissen um die Effektivität dieser Reden mit dem eigenen Eindruck von Lächerlichkeit, Langeweile, Widerwillen zusammenbringen? Da ist die schlechte Rhetorik: mäandernde Satzungetüme, Genitivkonstruktionen, Nominalstil, unendliche Dauer, stereotype Argumente. Die vor dem Spiegel geübte Mimik und Gestik: erbärmliche Schauspielerei. Stimme und Aussehen verbessern dieses Urteil keineswegs. (...)Die Verschmelzung von politischer Aussage und körperlichem Ausdruck lässt die ZuhörerInnen selber mitagieren. Die Botschaft wird zu einem am eigenen Leib der ZuhörerInnen beglaubigten Erlebnis. (...) Die Botschaft wird verdoppelt: Persönlichkeitswerte gelten den Nazis als inhaltliches Programm. Glaube, Wille, Kraft,

Authentizität, Fanatismus scheinen während der Rede in Hitler inkarniert.(...) Wer sich von der Rede ergreifen lässt, dem scheint eine Utopie verwirklicht: die Aufhebbarkeit des Widerspruchs von rationaler Reflexion und entfesselter Aktion, von skeptischer Distanz und unmittelbarer Präsenz, von Rationalität und Ekstase."[55]

8. Szene

Das 8. Bild spielt im Büro des Karfioltrusts. Ui tritt gegenüber den Grünzeughändlern als Vertrauter des Trusts auf, dessen Interessen er vertreten will (Abwendung von Streiks der Arbeiter, Abwehren von Lohnforderungen). Gleichzeitig geht es darum, seinen eigenen Machtanspruch vollends durchzusetzen. Diesem Doppelinteresse dient das gemeinsame Auftreten mit Clark vom Karfioltrust und das Einsetzen Uis als Nachfolger Dogsboroughs, das Ui mit den Worten anspricht:

„Herr Dogsborough, ich fühle
In dieser Stunde tief, wie sehr ich Ihnen
Zu Dank verpflichtet bin. Daß ein Mann wie Sie
Mich Jüngeren, den einfachen Sohn der Bronx
Zu seinem Freund, ich darf wohl sagen, Sohn
Erwählte, das werd ich Ihnen nie vergessen." (Ui, S. 63 f.)

Gegenüber den anwesenden Gemüsehändlern, die Ui reserviert und skeptisch begegnen, wird zunächst der Auftritt Dockdaisys als Witwe des ermordeten Bowl inszeniert, die Ui ihre Dankbarkeit ausspricht und ihn als Ehrenmann darstellt. Anschließend soll die Stimmung durch das Absingen einer Schnulze weiter harmonisiert werden. Während des Gesangs tragen Gangster Petroleumkannen durch den Raum.

Nach Beendigung des Liedes stürzt ein Leibwächter Uis in den Saal

---

[55] Gudrun Brockhaus, Schauder und Idylle. Faschismus als Erlebnisangebot, München 1997, S. 222 ff.

und verkündet, dass der Speicher des Grünzeughändlers Hook, eines der Anwesenden, brennt. Als ein Grünzeughändler feststellt, dass soeben Petroleumkannen von den Männern Uis durch den Raum getragen worden sind, wird er mit der Pistole zum Schweigen gebracht. Der Brand wird zum Anlass genommen, alle von Ui geplanten Maßnahmen zu legitimieren.

Sacherklärungen

Das 8. Bild fasst die Zeitspanne vom „Reichstagsbrand" bis zum „Tag in Potsdam" zusammen.

Am 27.2.1933 brannte der „Reichstag". In der Schrifttafel zur Szene geht Brecht auf die Funktion, die der Brand für Hitler hatte, ein: „Im Februar 1933 ging das Reichstagsgebäude in Flammen auf. Hitler beschuldigte seine Feinde der Brandstiftung und gab das Signal zur Nacht der langen Messer." (Ui, S. 128). In der Szene wird deutlich, dass Brecht in den Nazis selbst die Urheber des Brandes sieht (Gangster Uis tragen Petroleumkannen durch den Raum).

Unabhängig davon, dass es lange Zeit umstritten war, ob, wie hier auch von Brecht nahegelegt, SA-Männer den Brand inszeniert haben und die späteren Angeklagten nur Opfer dieser Inszenierung waren, geht es Brecht um die Frage, wem der Reichstagsbrand genützt hat. Diese Frage ist eindeutig zu beantworten[56]. Am Tag nach dem Brand wurde die Notverordnung zum „Schutz von Volk und Staat" von Hindenburg unterzeichnet. Damit waren entscheidende Grundrechte der Weimarer Verfassung außer Kraft gesetzt. Es kam zu Verhaftungen, v.a. von KPD- und SPD-Funktionären. Die Presse der linken

---

[56] Walther Hofer, Edourd Calic, Christoph Graf und Friedrich Zipfel kommen im Vorwort zu ihrer umfangreichen Dokumentation (Der Reichstagsbrand, Eine wissenschaftliche Dokumentation, München 1978) zu dem Ergebnis, dass der „geschichtliche Nachweis der NS-Urheberschaft am Reichstagsbrand erbracht (ist). Dieser Nachweis ist in einem Umfang und in einer Dichte gelungen, wie man das kaum zu hoffen gewagt hatte, nachdem die Nationalsozialisten gerade in diesem Falle eine besonders systematische Akten- und Spurenvernichtung betrieben haben (...)." (a.a.O., S. 5)

Parteien wurde verboten.

Bereits am 1. Februar 1933 war der Reichstag durch Hindenburg aufgelöst worden. Als neuer Wahltag war der 5. März festgesetzt worden. Die im Anschluss an den Reichstagsbrand durchgeführten Maßnahmen gegen die Linksparteien, die Versammlungsverbote und der Straßenterror der SA-Verbände konnten jedoch nicht verhindern, dass SPD und KPD bei den Wahlen zusammen auf rund 30 Prozent kamen und die Hitler-Partei die absolute Mehrheit der Stimmen verfehlte (44 %).

Hitler ließ daraufhin der KPD sämtliche Sitze aberkennen und mehrere SPD-Abgeordnete des neuen Reichstages verhaften. So konnte er, unter anderem unterstützt von den Abgeordneten der Deutsch-Nationalen Volkspartei Hugenbergs und vor allem von den Abgeordneten des Zentrums und gegen den Widerstand der SPD, auf der ersten Reichstagssitzung das „Gesetz zur Behebung der Not von Volk und Reich" (sog. „Ermächtigungsgesetz") mit der notwendigen Zweidrittelmehrheit verabschieden lassen. Dies bedeutete faktisch das Ende der Weimarer Verfassung.

Am 21.3.1933 (Tag von Potsdam) wurde der am 5.3.1933 neugewählte Reichstag eröffnet. In der Garnisonskirche zu Potsdam gab Hitler seine Regierungserklärung ab, in der er u.a. die nationale Versöhnung beschwor. Gleichzeitig (und darauf spielt die Szene in aller Deutlichkeit ebenfalls an) versuchte Hitler, sich als legitimen Nachfolger Hindenburgs in Szene zu setzen.

So heißt es in seiner Rede u.a.: „Am 5. März hat sich das Volk entschieden und in seiner Mehrheit zu uns bekannt. In einer einzigartigen Erhebung hat es in wenigen Wochen die nationale Ehre wiederhergestellt und dank Ihrem Verstehen, Herr Reichspräsident, die Vermählung vollzogen zwischen den Symbolen der alten Größe und der jungen Kraft. (...) Heute, Herr Generalfeldmarschall, läßt sie die Vorsehung Schirmherr sein über die neue Erhebung unseres Volkes. Dies Ihr wundersames Leben ist für uns alle ein Symbol der unzerstörbaren Lebenskraft der deutschen Nation. So dankt Ihnen des deutschen Volkes Jugend und wir alle mit, die wir Ihre Zustimmung zum Werk der deutschen Erhebung als Segnung empfinden."[57]

Im 8. Bild verkehrt Brecht die Reihenfolge der historischen Ereignisse. Die große Rede Uis im 1. Teil des Bildes greift direkt Elemente der Hitlerrede in der Garnisonskirche auf (z.B. den Begriff der Vorsehung und die Danksagung an Hindenburg, Ui, S. 63 f.), wobei Brecht die Instrumentalisierung des Ansehens Hindenburgs gleichzeitig karikierend entlarvt (der alte und kranke Dogsborough sitzt auf einem Podest neben Ui, der Dogsboroughs schlaff herabhängende Hand schüttelt/siehe Regieanweisungen im Nebentext S. 60 und 64). Die Inszenierung des Brandes wird im 2. Teil des Bildes geschildert (das Tragen von Petroleumkannen) und setzt damit einen Kontrapunkt zum sentimental-melodramatisch gestalteten Auftreten Uis (er streichelt dem Kind, das sich in Begleitung Dockdaisys befindet, das Kinn) und dem Schnulzen-Gesang. Gleichzeitig schafft dieser Aufbau des Bildes einen direkten Übergang zum „Speicherbrandprozeß" im 9. Bild.

9. Szene

Das 9. Bild, in dem es um den „Speicherbrandprozeß" geht, ist in sieben unterschiedlich umfangreiche Einzelszenen unterteilt, die durch Lichtschnitte voneinander getrennt werden. Insgesamt werden die Aushöhlung des Rechtsstaates und die Gleichschaltung der Gerichtsbarkeit im Interesse der neuen Machthaber demonstriert. Im Prozess geht es nicht um die Wahrheitsfindung, sondern um die Exekution eines bereits vorab festgelegten Urteils.

Zeugen, die Ui und seine Kumpane belasten könnten, werden eingeschüchtert und durch Anwendung von Gewalt zu Falschaussagen im Sinne Uis gebracht. So etwa der Speicherbesitzer Hook in den Teilszenen b) und c). Offensichtliche Widersprüche in den Aussagen der

---

57 A. Hitler, Rede in der Garnisonskirche zu Potsdam am 21.3.1933, zitiert nach Hermann Schlüter, Grundkurs der Rhetorik, München 1977, S. 250 ff.

Gefolgsleute Uis werden niedergebügelt (Teilszene a/Teilszene e), der Prozess wird immer dann unterbrochen, wenn er nicht im Sinne Uis zu verlaufen scheint (so etwa am Ende von b), die Rechte des Verteidigers werden beschnitten, seine Anträge werden durch den Richter abgelehnt (Teilszene f), Presse und Öffentlichkeit werden geschmäht und durch die offen auftretende Gewalt der Männer Uis unter Druck gesetzt. Hinzu kommen offensichtliche Falschaussagen bestochener Zeugen (Teilszene d). Der Angeklagte Fish steht unter Drogen; als er in einem wachen Moment Ui und seine Männer belasten könnte, werden ihm – unter den Augen des Richters - durch einen willfährigen Gerichtsarzt erneut Drogen eingeflößt (Teilszene f). Fish wird am Ende des Prozesses zu 15 Jahren Kerker wegen Brandstiftung verurteilt.

Worterklärungen

eine Dementia simulieren: Schwachsinn vortäuschen

der Pneu ist platt: Pneu=Reifen (einen Platten haben); die Redewendung bezieht sich hier darauf, dass Fish nicht mehr aussagefähig ist bzw. der Verteidiger ihn nicht mehr vernehmen kann.

Sacherklärungen

„In einem großen Prozeß, dem Reichstagsbrandprozeß, verurteilte das Reichsgericht zu Leipzig einen gedopten Arbeitslosen zum Tod. Die Brandstifter gingen frei aus." (Text zu Bild 9, Ui, S. 128)

Das 9. Bild greift den Reichstagsbrandprozess auf und verdichtet ihn zu einer farcenhaften und grotesken Inszenierung. Wichtig sind die Änderungen, die Brecht in der „Rollenverteilung" vornimmt. Im Reichstagsbrandprozess waren der arbeitslose Anarchist van der Lubbe, Torgler (der Vorsitzende der KPD-Reichstagsfraktion, der sich selbst hatte in Untersuchungshaft nehmen lassen) und der Generalsekretär der Kommunistischen Internationale, Dimitroff, angeklagt worden. Auf eine analoge Figur zu Torgler verzichtet Brecht völlig, aus van der Lubbe wird Fish, und Dimitroff tritt in der Rolle des Verteidigers auf. Dies geschieht wohl aus zwei Gründen: im Prozess selbst wurde Dimitroff der schärfste Widersacher der Nazis. Als Angeklagter nahm er, wie es in Teilszene a) der Verteidiger mit Giri tut, Hermann Göhring ins Verhör, so dass er mit Polizeigewalt aus dem Gerichtssaal geführt wurde. Die bedeutende Rolle Dimitroffs im Verfahren wird durch diesen Aufbau und die Figurenkonstellation des Bildes 9 betont. Zudem wurden Dimitroff und Torgler freigesprochen, van der Lubbe wurde als Einzeltäter verurteilt, wie es im „Ui" mit Fish geschieht (van der Lubbe wurde zum Tode verurteilt, der Angeklagte Fish im „Ui" wird zu einer fünfzehnjährigen Kerkerhaft verurteilt).

Der zweite Grund für Veränderungen liegt in der politischen Gewichtung des Prozesses. Auch hier kommt es Brecht im „Ui" nicht darauf an, den exakten Ablauf des Verfahrens nachzuzeichnen, sondern den Wesenskern herauszuarbeiten, der in der Vereinnahmung der Justiz durch die neuen Machthaber und dem Ende der demokratischen Republik und ihrer Weimarer Verfassung liegt (obwohl die Weimarer Verfassung nie offiziell abgeschafft und durch eine NS-Verfassung ersetzt wurde). Mit den Worten Brechts: „Unter den Bajonetten und Stahlruten der Nazis, vor den gekauften oder eingeschüchterten Richtern der gestürzten Republik, mit halbtot geprügelten Zeugen, enthüllte sich plötzlich zum Entsetzen der Welt das wahre Bild: Ein großes und zivilisiertes Volk war unter Ausnützung demokratischer Freiheiten von bewaffneten Banden, gedungen von intrigierenden Industrialisten und Militärs, aller seiner Freiheiten beraubt und zu Boden geschlagen worden. Die Angeklagten des Prozesses verwandelten sich in Ankläger, und der große Kämpfer Dimitroff wurde zum Sprecher des deutschen Volkes, das seiner Sprache beraubt worden war."[58]

---

58 B. Brecht, Der Reichstagsbrandprozeß, zitiert nach Gerz, a.a.O., S. 161

Bei den in den 50er Jahren angestellten Überlegungen zum „Ui" dachte Brecht allerdings über eine Veränderung der Szene nach, zu der es dann aber nicht mehr kam: „Der Verteidiger (9. Bild, Speicherbrandprozeß) sollte vielleicht noch einmal untersucht werden. In der jetzigen Form scheint er lediglich eine Art ‚Berufsehre' zu verteidigen, wenn er protestiert. Ob er nun so gemeint ist oder nicht so: das Publikum wird ihn natürlich als Dimitroff zu nehmen versuchen." (Notizen, Ui, S. 134)

10. Szene/11. Szene

Im 10. Bild, das mit rund 20 Zeilen das kürzeste des Stücks ist, verfasst der kranke und altersschwache Dogsborough ein Geständnis und ein Testament, um seine Ehrenhaftigkeit zu verteidigen. Er beschuldigt Ui, Givola, Roma und Giri der begangenen Morde und der Brandstiftung und deckt seine eigene Verstrickung auf, die er mit seiner „Gier nach Reichtum" und mit der „Angst, ihr zweifelt an mir" erklärt. (Ui, S.79)

Das 11. Bild thematisiert interne Zwistigkeiten in Uis Gang und deutet weitere Pläne an (Eroberung Ciceros). Das Bild ist deutlich dreigeteilt. Zu Beginn wird Givola gezeigt, der an einer Fälschung von Dogsboroughs Testament schreibt. Giri und Roma kommen hinzu. Es entspinnt sich ein Streit zwischen Roma sowie Giri und Givola, die von Roma der Intrige und der zu engen Zusammenarbeit mit dem Trust bezichtigt werden. Giri und Givola werfen Romas Leuten wiederum Angriffe auf Lastwagen des Trusts vor.

Die Auseinandersetzung spitzt sich zu, als Roma Giri und Givola mit der Waffe bedroht und Ui, der bisher schläfrig und desinteressiert den Streit ohne Reaktion verfolgt hat, zwingt, endlich Stellung zu beziehen. Ui mahnt seine Kumpane zur Einigkeit, betont sein Führertum in der Nachfolge Dogsboroughs und deutet neue Pläne an. Um die Situation zu entspannen, fordert er zunächst Givola und Giri auf, den Raum zu verlassen.

Im zweiten Abschnitt des Bildes, Ui und Roma sind auf der Szene, teilt Ui Roma mit, dass er seinen Einflußbereich auf Cicero ausdehnen will. Als Roma erfährt, dass der Trust bereits in Cicero verhandelt, die Verhandlungen aber aufgrund der Verbindung zwischen dem Trust und Ui ins Stocken geraten sind, wittert Roma ein Komplott des Trusts gegen Ui, an dem Givola und Giri beteiligt sind. Er stellt Ui die Ermordung Giris und Dogsboroughs in Aussicht, um das Komplott zu vereiteln, und verabredet sich mit Ui für 11 Uhr in der Garage. Dort soll Ui Romas Männer durch eine Rede anfeuern, um ihr erschüttertes Vertrauen in ihn wieder herzustellen.

Nach Romas Abgang treten, im dritten Abschnitt des Bildes, mitten in die Probe der Rede, die Ui vor Romas Männer halten will, Giri, Clark und Betty Dullfeet auf, die Gattin Dullfeets, der in Cicero eine Zeitung betreibt, die die Machenschaften von Uis Leuten anprangert.

Betty Dullfeet beschwichtigt Ui wegen der Angriffe auf ihn in den Zeitungen ihres Mannes und betont, dass einer Zusammenarbeit mit Ui dessen Festhalten an Ernesto Roma im Wege steht. Als Ui zunächst Roma verteidigt, weist auch Clark darauf hin, dass Roma aus Sicht des Trusts nicht weiter tragbar ist, doch wird er kalt von Ui zurückgewiesen. Betty Dullfeet und Clark verlassen daraufhin den Raum. Auf Giris Hinweis, der Vernunft zu gehorchen, antwortet Ui vieldeutig:

„Ich brauche keinen Rat. Ich kenne meine Pflicht." (Ui, S. 93)

Sacherklärungen

Die beiden Bilder präsentieren wiederum komplexe und komplizierte historische Sachverhalte in gedrängter Form, von Brecht in der Schrift zu den Bildern mit den Worten zusammengefasst: „Der bevorstehende Tod des alten Hindenburg löste im Lager der Nazis erbitterte Kämpfe aus. Tonangebende Kreise bestanden auf der Entfernung Ernst Röhms. Vor der Tür stand die Besetzung Österreichs." (Ui, S. 128)

Die beiden Szenen verschränken die Auseinandersetzungen um das Testament Hindenburgs und interne Streitigkeiten der NSDAP miteinander. Der Inhalt des Testaments Hindenburgs, das aus einem eigentlichen Testament und einem Brief an den Reichskanzler Hitler bestanden haben soll, ist bis heute nicht endgültig geklärt. Vor allem die Vorgänge um die Veröffentlichung des Testaments, dessen Existenz zunächst bezweifelt und dessen zweiter Teil, der Brief an Hitler, nicht veröffentlicht wurde, nährten Spekulationen über eine Manipulation bzw. Fälschung des Dokuments des am 2.8.1934 gestorbenen Hindenburg. Brecht spielt auf diese Spekulationen an, rückt aber auch in diesen Szenen – wie schon beim Speicherbrand – eher in den Vordergrund, wer aus dem Ableben Hindenburgs Nutzen gezogen hat. Historisch entscheidend, jenseits möglicher Intrigen und Manipulationen, ist nämlich, dass die Regierung (bereits vor dem Tod Hindenburgs) beschlossen hatte, die Ämter des Reichspräsidenten und des Reichskanzlers zusammenzuführen, so dass Hitler mit beiden Ämter nun über eine gewaltige Machtfülle verfügte, zumal -kurz nach dem Tod Hindenburgs- die Reichswehr auf Hitler persönlich vereidigt wurde. In einer Volksabstimmung ließ Hitler die Verschmelzung der beiden Ämter zudem nachträglich legitimieren.

Das 11. Bild hat die Auseinandersetzungen um die Rolle der SA (Sturmabteilung: paramilitärischer Kampfverband der NSDAP) und ihres Führers Röhm als Hintergrund. Röhms bewaffnete Verbände, deren Terrors sich Hitler während seines Aufstiegs immer wieder bedient hatte, konkurrierten mit dem Sicherheitsdienst der Partei, der Gestapo und v.a. der Reichswehr um das Machtmonopol. Zudem gab es aus Kreisen der SA, denen die „Revolution" nicht weit genug ging, immer wieder Kritik an der Politik Hitlers, dem eine zu kompromisslerische Haltung vorgeworfen wurde. Entscheidende Kreise der Partei (Göring, Goebbels und Himmler) setzten in der Auseinandersetzung auf eine Zusammenarbeit mit und damit eine Einbindung der Reichswehr. Um Röhms Position zu schwächen und Hitler auf ihre Seite zu ziehen, streuten sie Gerüchte um angebliche Putschpläne des alten Kampfgefährten Hitlers aus. Hitlers zunächst schwankende Haltung wird im 11. Bild verdeutlicht. Die übergeordneten und langfristigen Interessen, die in der Szene durch das Auftreten Clarks und Betty Dullfeets repräsentiert werden, brachten Hitler schließlich dazu, Röhm fallen zu lassen.

12. Szene

Roma und seine Männer warten in der Garage auf Ui, der den verabredeten Termin bereits um zwei Stunden überschritten hat. Panzerautos und Polizeiwagen fahren vor. Roma vermutet, dass Givola und Giri Ui eine Falle gestellt haben. Doch als das Garagentor geöffnet wird, erscheinen Ui und Givola in Begleitung von Bewaffneten. Ui geht auf Roma zu, streckt ihm die Hand hin. In diesem Moment wird Roma von Givola niedergeschossen, die Männer Romas werden an eine Mauer getrieben. Ui macht Roma und seinen Männern den Vorwurf, einen Anschlag vorbereitet zu haben. Romas Männer werden liquidiert, Roma, aus der Bewusstlosigkeit erwachend, glaubt immer noch, Ui, der inzwischen die Garage wieder verlassen hat, sei einer Intrige zum Opfer gefallen. Von Givolas Männern wird er zur Erschießung an die Wand der Garage geschleppt.

Sacherklärungen

In Anspielung auf das St. Valentins Massaker im Jahre 1929, bei dem Al Capone durch als Polizisten getarnte Mitglieder seiner Bande sieben Angehörige der rivalisierenden Gang von Bugs Moran ermorden ließ, verlegt Brecht die Szenerie in eine Garage. Der historische Hintergrund liegt in der Ausschaltung der SA-Führung. „In der Nacht des 30. Juni 1934 überfiel Hitler seinen Freund Röhm in einem Gasthof, wo er Hitler erwartete, um mit ihm einen Coup gegen Hindenburg und Göring zu starten." (Schrift zu Bild 12, Ui, S. 128)

Brecht greift in der Schrifttafel die Putschgerüchte um Röhm und seine SA auf und rückt dadurch das Moment der Intrige in den Vordergrund. Historische Folge des Schlags gegen die SA war ihr Ende als Machtfaktor (gleichzeitig verbunden mit einem Machtzuwachs der Himmler'schen SS).

Am 30. Juni 1934 traf Hitler mit Begleitung überraschend in Bad Wiessee (Oberbayern) ein, wo sich Führer der SA versammelt hatten, um ihm Forderungen zu unterbreiten. Es ging dabei um die Eingliederung der SA in den Staatsapparat. Hitler mag das als Putschversuch interpretiert haben. Röhm und seine Gefolgsleute wurden verhaftet, in die Strafanstalt Stadelheim bei München überführt und dort- ohne Verfahren- erschossen. Auch in München wurden Gefolgsleute Röhms verhaftet und liquidiert. Hitler nutzte die Putschgerüchte, um weitere (tatsächliche oder vermeintliche) Gegner auszuschalten. So wurden etwa General von Schleicher und der frühere bayerische Staatskommissar von Kahr ebenfalls ermordet. Durch ein am 2. Juli 1934 von der Reichsregierung erlassenes Gesetz wurden die Maßnahmen im Nachhinein auf eine pseudo-rechtliche Grundlage gestellt.

13. Szene

Das 13. Bild, in Givolas Blumenladen angesiedelt, führt die bereits im 11. Bild angedeuteten weiterreichenden Pläne des Trusts und Uis (Vereinnahmung Ciceros) weiter aus. Es kommt zu einer Begegnung zwischen Betty und Ignatius Dullfeet sowie Givola und Ui. Im ersten Abschnitt des Bildes buhlt Ui um die Gunst Dullfeets, der als Verteidiger der Freiheit Ciceros auftritt. Dullfeet:

„Wenn die Fusion mit dem Karfioltrust je
Bedeuten würd, daß damit dieser ganze
Blutige Rattenkönig eingeschleppt wird, der
Chicago peinigt, könnt ich ihn nie gutheißen."

Ui:
„(...)
Es mag in der Vergangenheit da manches
Passiert sein, was nicht grad dem allerstrengsten
Moralischen Maßstab standhielt. So was kommt
Im Kampf mitunter vor. Doch unter Freunden
Kommt so was eben nicht vor. Dullfeet, was ich
Von Ihnen will, ist nur, daß Sie in Zukunft
Zu mir Vertrauen haben, mich als Freund sehn
Der seinen Freund nirgends und nie im Stich läßt.
Und daß Sie, um Genaures zu erwähnen
In Ihrer Zeitung diese Greuelmärchen
Die nur bös Blut machen, hinfort nicht mehr drucken." (Ui, S. 102)

Im zweiten Abschnitt des Bildes begeben sich Ui und Betty Dullfeet sowie Givola und Dullfeet in den Blumenladen Givolas und tauchen paarweise zwischen den Blumenarrangements auf. In den Dialogen zwischen Betty Dullfeet und Ui auf der einen und Givola und Dullfeet auf der anderen Seite werden im ständigen Wechsel zwischen Andeutungen, sprachlichen Verhüllungen und doppelbödigen Aussagen Givolas und Uis die machtpolitischen Absichten Uis und Givolas der naiv erscheinenden Moral Dullfeets gegenübergestellt. Zugleich wird – in Wörtlichnahme der Redewendung „durch die Blume sprechen" – die Ermordung Dullfeets angedeutet.

Dullfeet:
Oh, ich vergaß, die Blumen sind Ihr Brot.

Givola:
Ganz recht. Mein bester Kunde ist der Tod.

Dullfeet:
Ich hoff, Sie sind auf ihn nicht angewiesen.

Givola:
Nicht bei den Leuten, die sich warnen ließen.

Dullfeet:
Herr Givola. Gewalt führt nie zum Ruhme.

Givola:
Jedoch zum Ziel. Wir sprechen durch die Blume. (Ui, S. 105)

Sacherklärungen

Der zweite Abschnitt des Bildes ist als Travestie auf die „Gartenszene(n)" aus Goethes „Faust" angelegt (vergl. Goethe, Faust 1, Vers 3073 ff.). Auf der Ebene der Figurenkonfiguration entsprechen Givola und Dullfeet Mephistopheles und Marthe und Ui und Dullfeet Faust und Margarete. Die Parallelen bestehen auch in der Verwendung von Endreimen, dem Auftauchen des Blumenmotivs – Margarete pflückt eine Blume, zupft die Blätter ab, murmelt: „Er liebt mich-liebt mich nicht-Er liebt mich." Woraufhin Faust sagt: „Lass dieses Blumenwort dir Götterausspruch sein" (V. 3182 ff.) und des Verführungsmotivs (im „Ui" hat Ui schließlich die Hand auf Bettys Schulter gelegt). Die in der zweiten Goetheschen Gartenszene (Vers 3413 ff.) von Margarete an Faust gestellte Frage: „Nun sag, wie hast du's mit der Religion?" taucht ebenso auf, durch Betty an Ui gestellt, wie Margaretes Aussage über Mephisto („Der Mensch, den du da bei dir hast, Ist mir in tiefer innrer Seele verhasst", Vers 3472 f.) als Aussage Uis über Dullfeet („Mir mißfällt der Mann", Ui, S. 106) zum Spiel mit Zitaten beiträgt. Die volkstümlichen Redewendung „Wo man singt, da lass dich ruhig nieder; Böse Menschen haben keine Lieder" wird parodistisch zu „böse Menschen lieben keine Blumen" (Ui, S. 103) abgewandelt.

Die parodistische Verwendung von Elementen aus der Goethe'schen „Gartenszene" ist Ausdruck der Intertextualität des Dramas. Brecht bedient sich hier, wie auch in anderen Szenen, des Verfahrens, Zitate aus anderen Werken direkt oder in Form der Anspielung oder Andeutung zu übernehmen, was zur Erhöhung des semantischen Spielraums beiträgt.

Den historischen Hintergrund bilden die Beziehungen zwischen Österreich und Deutschland, über die es in der Schrifttafel zum Bild heißt: „Unter Hitlers Zwang willigt der österreichische Kanzler Engelbert Dollfuß im Jahre 1934 ein, die Angriffe der österreichischen Presse gegen Nazideutschland zum Schweigen zu bringen." (Ui, S. 128) Im 13. Bild erscheint Dullfeet als ehrenwerter Verteidiger bürgerlicher Freiheiten, was der historischen Vorlage (Dollfuß) nicht entspricht, denn Dollfuß war ein diktatorisch regierender Konservativer, der allerdings die österreichischen Nazis mit einem Parteiverbot belegte. Dollfuß wurde Opfer eines in der Nachfolge des „Röhm-Putsches" von österreichischen Nazis unternommen Putschversuches (er wurde am 25.7.1934 ermordet).

14. Szene

Das Bild beginnt mit einer feierlichen Ansprache anlässlich der Bestattung Dullfeets, dessen Ermordung allerdings nicht szenisch vergegenwärtigt worden ist (Brecht bedient sich zwischen dem 13. und 14. Bild erneut der Aussparung eines Ereignisses). Gegenüber Clark und Mulberry vom Trust, die mit der Ermordung Dullfeets nicht einverstanden sind, rechtfertigen Giri (der Dullfeets Hut trägt) und Givola die Tat mit dem Hinweis auf geschäftliche Interessen.

Der zweite Abschnitt des Bildes wird von dem nun auftretenden Ui und Betty Dullfeet dominiert. Ui kommt angeblich, um Betty Dullfeet zu kondolieren, in Wahrheit aber, um sie -aus politischem und geschäftlichen Interesse- auf seine Seite zu ziehen. Erneut stellt er sich als missverstanden hin, beteuert seine ehrenwerten Absichten, schwankt zwischen Schmeicheleien und mehr oder weniger offen und unverhüllt ausgesprochenen Drohungen, bietet Schutz für Cicero an und versucht dabei, die gemeinsamen geschäftlichen Interessen in den Vordergrund zu rücken:

„(...) Frau Dullfeet
Sie sind im Karfiolgeschäft. Ich auch.
Das ist die Brücke zwischen mir und Ihnen." (Ui, S.112)

Betty Dullfeet bleibt zunächst standhaft, verteidigt das Andenken ihres Mannes, bezichtigt Ui des Mordes, will die Beteiligung Uis an der Ermordung Dullfeets und die Gefahr, die von Ui und seiner Gang ausgeht, öffentlich anprangern („Gott schütze uns vor dem Schützer!", Ui, S. 114). Uis Freundschaftsangebot lehnt sie ab.

Ui:
„Also wie
Ist Ihre Antwort? Freundschaft?"

Betty:
„Nie! Nie! Nie!" (Ui, S. 114)

Sacherklärungen

Mit der Werbung Uis um Betty Dullfeet (an die „Werbeszenen" aus Shakespeares „König Richard III", Szenen I/2 und IV/4 angelehnt) greift Brecht die anhaltenden Versuche Deutschlands auf, Einfluss in Österreich zu gewinnen, nachdem der Putsch gegen Dollfuß gescheitert war. „Der Besetzung Österreichs ging der Mord an Engelbert Dollfuß, dem österreichischen Bundeskanzler, voraus. Unermüdlich setzten die Nazis ihre Werbung um Sympathien in Österreich fort." (Schrift zum Bild 14, Ui, S. 128)

15. Szene

Ui wälzt sich im Bett seines Zimmers im Mammoth-Hotel im Schlaf unruhig hin und her. Im Traum erscheint ihm der Geist des ermordeten Ernesto Roma, wirft ihm Verrat an den gemeinsamen Zielen und ihrer Freundschaft vor und prophezeit ihm den Untergang.

Sacherklärungen

An dieser Szene (Anspielungen auf „König Richard III", V/3 und Shakespeares „Julius Cäsar", IV/3 sowie „Macbeth", wo in III/4

Banquo, der von gedungenen Mördern Macbeths getötet wurde, diesem im Traum erscheint) ist in den 50er Jahren bei den Diskussionen um das Ui-Stück Kritik geübt worden, der Brecht in den „Notizen" zugestimmt hat: „Was die Erscheinung von Röhms Geist betrifft, hat Kusche meiner Meinung nach recht („So wie der Text jetzt ist, erhält ein fetter, versoffener Nazi Märtyrerzüge.") (Brecht, Notizen, Ui, S. 134)

16. Szene

Die Grünzeughändler von Chikago versammeln sich. Empörung über die Willkürherrschaft Uis mischt sich mit Rechtfertigungen dafür, dass man nichts gegen ihn unternommen, sondern sich ihm willenlos gebeugt hat. Zu den Grünzeughändlern aus Chicago gesellen sich Grünzeughändler aus Cicero, die auf Nachfrage mitteilen, dass sie unter Zwang gekommen sind.

Ui, Betty Dullfeet, Clark, Giri, Givola, gefolgt von Leibwächtern, erscheinen. Eine Kundgebung beginnt, bei der Clark zunächst verkündet, dass der Trust und die Großhandlung Betty Dullfeets fusionieren. Als Nächster spricht Ui, der noch einmal betont, dass er im Testament des alten Dogsborough als dessen Sohn bezeichnet wird, von ihm den Auftrag erhalten hat, für Ruhe und Ordnung zu sorgen. Sodann erklärt er, Dullfeet habe ihn beauftragt, Cicero unter seinen Schutz zu stellen. Er kündigt eine Volksabstimmung an, bei der Cicero völlige Freiheit habe, ihn zu wählen oder nicht. Seine Rede endet mit den Sätzen:

„Wer ist für mich? Und wie ich nebenbei
Erwähnen will: Wer da nicht für mich ist
Ist gegen mich und wird für diese Haltung
Die Folgen selbst sich zuzuschreiben haben.
Jetzt könnt Ihr wählen!" (Ui, S. 120)

Betty Dullfeet tritt auf und fordert die Einwohner von Cicero auf, ihr Vertrauen in Ui zu setzen.

Ein Ciceroer, der die Abstimmung verlassen will, wird kurzerhand erschossen, auf die Frage Giris: „Was ist Euer freier Entschluß?" (Ui, S. 121) heben alle Anwesenden beide Hände.

Ui dankt für die Zustimmung, geht auf seinen Werdegang und seine Berufung ein und kündigt an, dass aus Gründen der Friedenssicherung neue Kanonen, Pistolen und Panzerautos angeschafft werden sollen, denn auch andere Städte, so sagt Ui, „schreien nach Schutz!" (Ui, S. 122)

Sacherklärungen

Das Bild greift den „Anschluss" Österreichs auf, geht aber im Kern weit darüber hinaus.

„Am 11. März 1938 marschiert Hitler in Österreich ein. Eine Wahl unter dem Terror der Nazis ergab 98 % der Stimmen für Hitler." (Schrift zu Bild 16, Ui, S. 128)

Schuschnigg, der Nachfolger Dollfuß', versuchte durch eine Aufnahme der österreichischen Nazis in die Regierung (u.a. Seyß-Inquart als Innenminister), die Unabhängigkeit Österreichs zu bewahren. Um dem zunehmenden Druck Hitlers zu begegnen, hatte er für den 13. März 1938 eine Volksabstimmung über die Unabhängigkeit Österreichs angesetzt. Der Einfluss Hitlers war aber mittlerweile so groß geworden, dass Schnuschnigg abdanken musste und durch den National-Sozialisten Seyß-Inquart ersetzt wurde. Der rief, als Vorwand für den Einmarsch deutscher Truppen, Deutschland um Hilfe. Österreich und Deutschland wurden „wiedervereinigt", Hitlers Truppen besetzten Österreich. Durch eine „Volksabstimmung", die Brecht im 16. Bild zeigt, wurde das Vorgehen im Nachhinein mit den Weihen der Rechtsstaatlichkeit ausgestattet. Wenn Brecht Ui in seiner letzten Ansprache davon reden lässt, dass auch andere Städte unter Schutz gestellt werden wollen, greift er bereits den nächsten Schritt Hitlers auf, dessen Begehrlichkeiten sich nun auf die Tschechoslowakei („Sudetenland") richten. Letztlich weist er damit aber auf die Großmacht- und Eroberungspläne Hitlers überhaupt und damit auf den 2. Weltkrieg hin.

17. Szene

Eine blutüberströmte Frau klettert aus einem zerschossenen Lastwagen. Sie klagt Ui an und fragt, während sie unter einer Maschinengewehrsalve zusammenbricht:

„Wo seid ihr? Helft! Stoppt keiner diese Pest?" (Ui, S. 123)

Sacherklärungen

In einer Stückvariante taucht diese Szene als Szene 9 a auf, wird also hinter den „Speicherbrandprozeß" gesetzt.

5.2 Hinweise zum Aufbau des Dramas und Kommentare zu einzelnen Szenen und Szenengruppen

5.2.1 Zum Aufbau des Dramas

Brechts „Ui" ist als eine Folge von 17 Bildern, eingeklammert durch einen Prolog und einen Epilog, gestaltet. Wie in andere Dramen Brechts auch weisen der Verzicht auf einen einzigen Spannungsbogen mit Konfliktschürzung, Konfliktentfaltung und Konfliktlösung, die Zeitsprünge und Ortswechsel, die Vielzahl der Figuren und die Gewichtung der einzelnen Bilder das Stück als der offenen Form des Dramas zugehörig aus. Brecht verzichtet aber gleichzeitig auf Elemente, die uns in anderen seiner Stücke begegnen, so etwa das Auftreten eines Chores, die direkte Ansprache des Publikums durch eine Figur oder die Songs.

Das Stück umgreift, auf der Ebene des historischen Bezugs, die Jahre 1929-1938, mithin einen Zeitraum von zehn Jahren, wobei einzelne Bilder größere Zeiträume „verdichten" (so etwa das 1. Bild). Auffällig sind auch die Aussparungen im dramatischen Geschehen (die Morde an Sheet und Dullfeet werden z.B. nicht gezeigt, sie finden sozusagen „zwischen" den Bildern statt und müssen vom Publikum „hinzugefügt" werden) sowie das Auftauchen von Figuren, deren Entwicklung nicht weiterverfolgt wird (der Pressemann Ragg im 4. Bild).

Auch die Handlungsmotive bestimmter Figuren sind nicht ausgeführt: So ist unklar, welche Beweggründe Betty Dullfeet zur Aufgabe ihrer vehementen Ablehnung Uis veranlassen.

Erscheint der Handlungsablauf also als eine Folge locker gefügter Bilder, die zum Teil blitzlichtartig einzelnen Stationen der Entwicklung beleuchten und das dramatische Geschehen nicht kontinuierlich zur Entfaltung kommen lassen, so betonen die Schrifteinblendungen demgegenüber auf den ersten Blick Kontinuität im Ablauf des Geschehens auf der Ebene der Zeitgeschichte, was u.a. dadurch unterstrichen wird, dass Brecht die Realgeschichte teilweise komprimiert, zeitlich zusammenstaucht und historische Ereignisketten in einem Bild verbindet (im 8. Bild den „Tag von Potsdam" und den „Reichstagsbrand").

Burkhardt Lindner sieht hinter diesem Widerspruch eine wesentliche Wirkungsabsicht des Stücks: „Im ‚Arturo Ui', dessen Handlungsverlauf sehr viel enger als die anderen Stücke den realhistorischen Verlauf kopiert, wird die Differenz dadurch erzeugt, dass die ausgeblendeten Drehpunkte sich stückimmanent gar nicht auflösen lassen. Genauer betrachtet ist am Handlungsablauf überhaupt nichts plausibel. (...) Die Absurditäten des Stückgeschehens verschieben sich zur Absurdität der realen Geschichte; der Zuschauer soll ins Staunen über das scheinbar Bekannte versetzt werden, das sich als erklärungsbedürftig erweist. Die historischen Schrifttafeln nach den Szenen sollen solches Staunen in Bewegung bringen. Die Schrifttafeln signalisieren fast plump die Differenz zwischen Stückgeschehen und Zeitgeschichte."[59] Durch die Diskrepanzen zwischen der sprunghaft verlaufenden und das Bruchstückhafte betonende Bühnenhandlung und dem als kontinuierlich *erscheinenden* Prozeß der Realgeschichte erhält somit das Publikum die Möglichkeit, eben diesen Verlauf der Realgeschichte selbst als bruchstückhaft und somit als *nicht zwangsläufigen Prozess* zu erkennen. Erscheint der Aufstieg Uis auf der Ebene der Bühnenhandlung also als nicht zwingend, weil nicht dramatisch entfaltet, so kann der Aufstieg Hitlers (auf der Ebene der Realgeschichte) damit als „aufhaltsam" betrachtet werden.

Trotz der lockeren Fügung der Bilder und der Diskontinuitäten im Handlungsverlauf lässt sich in Brechts „Ui" ein strukturierter Aufbau durchaus nachweisen.[60] Vielfach wird das 7. Bild (die Schauspielerszene) als ein Drehpunkt des Stücks gesehen, so dass sich eine grobe Zweiteilung erkennen lässt. Die Bilder 1-6 zeigen nach dieser Einteilung die allgemeine Ausgangslage (wirtschaftliche und soziale Krise) und Uis Bemühungen, mit den Mächtigen (dem Trust) ins Geschäft zu kommen. Mit dem 6. Bild (Untersuchung des Dockhilfeskandals), in dem Ui als Gewährsmann Dogsboroughs auftritt, vollzieht sich Uis Plan. Nach dem 7. Bild, in dem er sich das Auftreten als Staatsmann aneignet, ist er an der Macht, schaltet interne Gegner aus (Roma) und entwickelt seine imperialen Pläne, die mit der Machtübernahme in Cicero einen ersten Abschluss finden. Die Metamorphose vom billigen Straßenganoven zum Staatsmann bzw. zu dem, „wie sich der kleine Mann halt seinen Herrn vorstellt" (Ui, S. 57), im ersten großen Abschnitt des Dramas findet somit ihr Entsprechung im zweiten Teil in der Entfaltung der Allmachtsphantasien des zum Herrscher von Chikago aufgestiegenen Ui, der seine Begehrlichkeiten auf die ganze Welt richtet.

---

59 B. Lindner, a.a.O., S. 101 ff.
60 vergl. zu diesem Abschnitt Thiele, a.a.O., S. 30 ff. und Lindner, a.a.O., S. 49 ff. Die von Lindner vorgeschlagene Fünfteilung wird hier übernommen.

Berücksichtigt man bei der Betrachtung des inneren Aufbaus des Dramas stärker die durch die Schrifttafeln hervorgehobene Parallelhandlung auf der Ebene der Realgeschichte, wobei noch einmal betont werden muss, dass es nicht um eine Deckungsgleichheit zwischen Bühnenhandlung und Realgeschichte geht, kommt man zu einer weiteren Ausdifferenzierung, die eine Fünfteilung nahelegt.

Die Szenen 1-3 zeigen Ui in Wartestellung; auf der Ebene der Realgeschichte korrespondieren diese Szenen mit Hitlers Strategie der „legalen Revolution". Die Szenen 4-7 beleuchten Uis Eintritt in die Sphäre der Macht und verfremden parabolisch das Bündnis zwischen den Nationalsozialisten, den traditionellen Rechtsparteien und Konservativen sowie der Industrie.

Die Szenen 8 und 9 präsentieren Ui an der Macht. Ihre Entsprechung in der Realgeschichte (Reichstagsbrand und Reichstagsbrandprozess sowie Tag von Potsdam) besteht in der Festigung der Macht Hitlers, der Ausschaltung der Opposition, der Abschaffung demokratischer Freiheiten und der Errichtung der Diktatur. Die Szenen 10-12 führen uns Ui als Staatsmann vor. Sie heben ab auf die „zweite Revolution" Hitlers, die Ausschaltung innerparteilicher Gegner (Röhm) und die Festigung der Macht. Dem Imperator Ui in den Szenen 13-17 entsprechen die imperialistischen Expansionspläne Hitlers, deren erster Schritt der Einmarsch in Österreich ist (im Stück Eroberung von Cicero).

Die Hinweise zu den Szenen bzw. Szenengruppen folgen der Einteilung des Dramas in diese fünf Abschnitte. Hinzu kommen Anmerkungen zum Prolog und zum Epilog.

5.2.2 Szenen 1-3

Die ersten drei Bilder sind in der Sphäre der Wirtschaft und der Politik angesiedelt, repräsentiert durch die fünf Führer des Karfioltrust auf der einen und Dogsborough (und seinen Sohn) auf der anderen Seite. Die Beziehungen zwischen dem Trust und Dogsborough werden auf dem Hintergrund der wirtschaftlichen Krise als widersprüchlich aufgezeigt. Der Welt der Wirtschaft, die durch die Räume „City" und „Vor der Produktenbörse" verortet wird, stößt an immanente Grenzen (Verwertungsbedingungen). Das Stocken des Handels, auf den die Wirtschaft hier ausschnitthaft beschränkt wird, denn die Produktionssphäre wird nicht thematisiert, ist Ursache der Krise. Die Führer des Karfioltrusts sehen eine Lösung der Probleme in einer Anleihe, deren Bewilligung aber Dogsborough entgegensteht. Dies ist die Ursache für die Intrige, die im ersten Bild gesponnen und mit der „Schenkung" der Aktienmehrheit an Sheets Reederei an Dogsborough in die Tat umgesetzt wird, wobei die Intrige selbst für den Handlungsgang des Dramas insgesamt keine Funktion hat, sondern dazu dient, Ui ins „Spiel" zu bringen.

Ui ist in diesen Szenen für den Trust noch nicht von Interesse, er wird -korrekt- als „Gangster" eingeschätzt (Ui, S., 10). Dennoch wird seine mögliche Brauchbarkeit zu einem späteren Zeitpunkt konstatiert. Auf das „Schmeißt ihn hinaus!" von Caruther folgt umgehend das „Doch höflich! Wer kann wissen/Wie weit's mit uns noch kommen wird!" von Mulberry. Die Rolle von Dogsborough für den Trust wird auf sein Ansehen bei den Leuten zugeschnitten („Sie glauben an ihn!", Ui, S.15), ansonsten sehen die Herren in ihm eher einen vertrottelten, ahnungslosen Alten, der von modernen Wirtschaftsbeziehungen nichts versteht („Ich konnt ihn nie vertragen/Der Mann war nie im Herzen mit uns!", Ui, S.17). Dogsboroughs floskelhafte Sprache wird als floskelhaft denunziert. Die ihm zugesprochen Äußerungen (z.B. Clark, Dogsborough zitierend: „Die Stadt ist keine Suppenschüssel!", Ui, S.15) spricht er im dritten Bild dann wirklich aus: „Ich sah euch ungern auf dem Weg. Die Stadt/Ist keine Suppenschüssel, in die jeder/Den Löffel stecken kann.", Ui, S. 20). Er erweist sich im dritten Bild als der naive Alte, den die Trustherren in ihm sehen. Die Differenzen zwischen dem von Butcher und Flake Gesagten und dem Gemeinten durchschaut er nicht, seine Sentimentalität und die Schmeicheleien Flakes und Butchers lassen ihn in die aufgestellte Falle tappen.

Wird Ui von den Trustherren als „Gangster" bezeichnet, so demonstriert das zweite Bild den nahtlosen Übergang zwischen Trustherren und Gangstertum, denn Sheet wird letztlich mit gangsterähnlichen Methoden (Druck ausüben/Erpressung) zur Abtretung seiner Reederei genötigt. Sheet hebt, am Ende des Gesprächs mit Flake, beide Hände hoch, nachdem er zuvor bereits Ähnlichkeiten zwischen Flake und Roma benannt hat (Ui, S. 20). Mit dieser Geste des Hochhebens beider Hände stimmen im 16. Bild die Ciceroer auch der Übernahme Ciceros durch Ui zu (Ui, S.121), so dass die fließende Grenze zwischen Ökonomie und politischem Terror sinnfällig wird.

Ui wird im ersten Bild lediglich erwähnt (er befindet sich in „Wartestellung", wird aber nicht vorgelassen), im zweiten Bild ist er (steigerndes Prinzip) auf der Szene, wenngleich ohne Text, kurz präsent. Seine Anbiederung an den Trust, seine Versuche, „ins Geschäft zu kommen", werden im zweiten Bild nahezu als prostitutionsähnliches Anbieten an die Trustherren gezeichnet, wenn es im Nebentext (Ui, S. 18) heißt: „Ui starrt Flake im Vorbeigehen an, als erwarte er, angesprochen zu werden (...)."

Szenen 4-7

„Kein Mensch spricht von mir noch." (Ui, S.25) Mit diesem Satz beschreibt Ui die Krise, in der er sich befindet. Er ist nicht mehr im Gespräch, scheint nicht gebraucht zu werden. Während Roma als Strategie eine Verschärfung des Terrors vorschlägt, ist es Ui, der erkennt, dass dieses Vorgehen das Ende bedeuten könnte („Erst brauch ich selber Schutz. Vor Polizei/Und Richter muß ich erst geschützt sein, eh/Ich andre schützen kann. 's geht nur von oben." (Ui, S. 27) Ui weiß, dass ihn nur die Verbindung mit den Mächtigen, die ihn bisher haben abblitzen lassen, ans Ziel bringen kann, und dass der Strassenterror sich als **alleiniges Mittel** der Machtergreifung überlebt hat. In dieser ausweglosen Lage (im Nebentext heißt es zur Charakterisierung von Uis Stimmung „bitter" und „düster", Ui, S.25 und 27) bietet sich der Umweg über Dogsborough an, dessen Verstrickung in einen Skandal von Givola bereits aufgeschnappt wurde und dann von dem auftretenden Pressemann Ragg indirekt bestätigt wird. Die Gewissheit kommt mit Giri, der Bowl, den Prokuristen Sheets, mit sich führt. Die Intrige des Trusts gegen Dogsborough gibt Ui das Mittel in die Hand, Dogsborough unter Druck zu setzen.

Brecht zeichnet im 4. Bild die Situation Uis als widersprüchlich. Seine Anhängerschaft scheint zu zerfallen, der Weg zum Ziel ist ungewiss, zumindest nicht unstrittig, Ui erscheint zu Beginn der Szene als orientierungsloser Nichtstuer (Roma: Ich wollt, Arturo, du befreitest dich/Aus dieser Stimmung braunen Trübsinns und/Untätiger Träumerei (...).", Ui, S.25). Diese Befreiung aus der trübsinnigen Stimmung erfolgt, je mehr sich die Verstrickung Dogsboroughs in den Skandal als möglicher Ausweg zeigt. Ui kommt in Fahrt (groß aufbrechend/ geht schnell ab, Ui, S.33). Beginnt das 4. Bild also eher statisch (Ui und Roma hören im Radio Wettnachrichten), so endet es dynamisch, sieht Ui sich zu Beginn zur Verteidigung gezwungen (Roma erhebt Vorwürfe), so geht er jetzt zum Angriff über. Instinktiv erfasst er die Chance, die sich ihm bietet („Komm, Roma! Jetzt/Riech ich Geschäfte!", Ui, S.33).

Uis Auftritt bei Dogsborough (5.Bild) wird dadurch vorbereitet, dass Dogsborough, der bereits über sein Verhalten nachsinnt, es aber noch vor sich selbst legitimiert, von der bevorstehenden Untersuchung im Stadthaus erfährt. Dennoch gelangt Ui nur durch den Druck Romas, dessen Männer im Flur stehen, bis zu Dogsborough. Bezeichnend für das taktische Geschick Uis ist es, dass er den Skandal Dogsborough gegenüber nicht sogleich anspricht, sondern zunächst um dessen Anerkennung buhlt. Es geht ihm darum, nicht „verkannt" zu sein (Ui, S.37), er fordert Anerkennung für seine Leistungen, sieht sich von der Öffentlichkeit in ein schlechtes Licht gerückt (siehe Ui, S.37), Floskeln, die immer wieder im Stück auftauchen. Erst als diese Taktik nicht zieht, geht er zum offenen Angriff über: „Heißt das, Sie weigern/Sich, mir als Mensch zu helfen? B*rüllt:* Dann verlang ich's/ Von Ihnen als einem Verbrecher!" (Ui, S. 40) Gleich darauf bietet er sich aber Dogsborough als Retter an.

Neben dieser verbalen Strategie setzt Ui eine ganze Palette unterschiedlichster Stimmungslagen, bis hin zum Weinen (Ui, S. 41) ein, um Dogsborough zu vereinnahmen. Erst als all dies keine Wirkung zeitigt, spricht er unverhüllt die Drohung aus: „Ich werde Sie zerschmettern!" (Ui, S. 41) Uis bereits vorhandenes Geschick, verbale und non-verbale Techniken für seine Ziele einzusetzen, wird hier deutlich. Dieses Geschick bezeichnet der Schauspieler in Szene 7 als „Naturanlage" (Ui, S.55).

Ui muss unverrichteter Dinge abziehen (Dogsborough: „Was für eine Fresse!"), kommt aber dennoch ins Spiel. Als Dogsborough erfährt, dass die Untersuchung stattfinden wird und er einen Mann beauftragen soll, die Untersuchung für ihn zu führen, sagt er lapidar: „Ich schick den Mann!"

Die Beauftragung Uis gehört zu den Aussparungen, die Brecht vornimmt. Sie wird nicht szenisch vergegenwärtigt. Das 6. Bild, das den „Dockhilfeskandal" thematisiert, nimmt im Stück einen relativ breiten Raum ein, der die Bedeutung der historischen Parallele (Osthilfeskandal) wohl überbetont. Allerdings geht es Brecht in diesem Bild um mehr. Er zeigt die Agonie, in der sich die Weimarer Republik befindet, anhand der Unfähigkeit des Stadtparlamentes, wirkliches Licht in die Vorgänge zu bringen.

Korruption, Filz, mangelnde Ehrenhaftigkeit und Zivilcourage der bürgerlich-parlamentarischen Repräsentanten, eine verunsicherte Öffentlichkeit und nackter Terror in der Endphase der Weimarer Republik bilden ein unheilvolles Amalgam mit den Interessen der Industrie, so dass (auf der Ebene des Stücks) der mit der Untersuchung beauftragte O'Casey von vornherein zum Scheitern verurteilt ist. Die Art der Untersuchung des „Dockhilfeskandals" im 6. Bild unterscheidet sich nur graduell, nicht aber im Kern vom Gerichtsverfahren im „Speicherbrandprozeß" (9. Bild). Führt das 6. Bild das Scheitern der parlamentarischen Instanzen vor, so tut es das 9. Bild mit der Gerichtsbarkeit, wenngleich hier Ui schon an der Macht ist. Das Scheitern der Instanzen angesichts der Bedrohung zeigt sich im

Stück daran, dass Dogsborough durch sein „beredtes Schweigen" dem Gangster Ui sein „Vertrauen" ausspricht (Ui, S. 48), was er ihm im 5. Bild noch verweigert hat. Die Beteiligung des Trusts an der Inthronisation Uis deutet Brecht dadurch an, dass Clark schon längst zu wissen scheint, dass Dogsborough mittlerweile Ui als seinen Beauftragten eingesetzt hat und sein Auftreten für ihn keine Überraschung mehr ist: „Er ist der, der er ist, ja? Und hier kommt er." (Ui, S. 47)

Das 7. Bild, das die Metamorphose des Straßenganoven Ui in den Staatsmann Ui zeigt, ist die „modernste" Szene des Stücks, insofern sie die „Amerikanisierung" bzw. „Medialisierung" der Politik, wie wir sie heute täglich, v.a. aber zu Wahlkampfzeiten, erleben, zu einem Zeitpunkt zeigt, indem das heute vorherrschende visuelle Medium, das Fernsehen, noch nicht existierte, wohl aber Radio und Film schon vorhanden waren, die ja von der Hitler'schen Propaganda auch intensiv genutzt wurden. „Ui okkupiert die neue Sehweise durch den Film, indem er seine Bewegungen, Haltungen und Gesten dem Medium angleicht, somit seine Person von vornherein zur öffentlichen, zur medial vermittelten Figur stilisiert."[61]

Politik wird hier konsequent als Inszenierung betrieben, bei der es nicht vorrangig um Inhalte geht, sondern um die mediale Präsentation von Personen. Es kommt Ui ja nicht darauf an zu zeigen, was er ist, sondern zu verschleiern, was er will, und zu scheinen, was er soll, um größtmögliche Wirkung zu erzielen.

Ui trainiert für die Momente, „wenn's einmal politisch wird" (Ui, S.54), aber das „Politische" ist hier auf das Zweckmäßige der Wirkung, auf den Schein reduziert, auf das Erzielen von Aufmerksamkeit (heute würde man von Medienwirksamkeit und medialen Werten sprechen). Ui: „Kein Mensch ist heut natürlich. Wenn ich gehe, wünsche ich, daß es bemerkt wird, daß ich gehe." Und weiter: „Wenn ich stehe, wünsche ich, daß man nicht auf zwei Leute hinter mir, sondern auf mich schaut." (Ui, S.55 und 56) Ui betont hier ausdrücklich, dass die

---

61 J. Knopf, a.a.O., S. 236

Aufmerksamkeit ihm zuteil werden soll; es geht also um eine Personalisierung und Psychologisierung der Politik. Von einer Sache, einem Thema ist nicht die Rede, und die Rede behandelt letztlich nicht ein Thema (das ist austauschbar), sondern arbeiten am Konstrukt des „Führers". Es geht um eine „höchst artifizielle Inszenierung unbedingter Authentizität."[62]

Die gleichermaßen parodistische wie konsequente Volte des Bildes besteht nun aber darin, dass Brecht zu Beginn der Szene auf den die Sprache des Stücks regierenden Jambus zunächst verzichtet und die Figuren in Prosa sprechen lässt. Auch der Schauspieler, der als „Klassikanischer" auftritt, bedient sich nicht der versgebundenen Sprache. Er wird von Givola als „passé" (UI, S.55) bezeichnet und erzählt bedauernd, dass seine klassische Theaterkunst als unmodern gescholten wird. Gleichzeitig kündigt er aber an, dass er Ui das klassische Auftreten in zehn Minuten beibringen kann, was ihm auch gelingt. Der Jambus setzt erst wieder ein, als Givola nach dem Zweck der Übung fragt und Ui antwortet: „Selbstredend/Ist's für die kleinen Leute." (Ui, S.56)

Gerade aber mit der unzeitgemäßen Kunst des „klassischen Auftritts" will Ui seine Wirkung erzielen. Die Kunst, die hier eingeübt wird, ist die Kunst der Verstellung. Indem durch das „Spiel im Spiel" (das Einstudieren einer klassischen Theaterrede) die rhetorischen Muster als verbale Strategie gezeigt werden, wird gleichzeitig die jambische Sprache der Figuren im Stück als Teilelement eines Verfremdungszusammenhangs vorgeführt (siehe hierzu ausführlich 4.4.).

Wohl in keiner anderen Szene des Stücks setzt Brecht der Dämonisierung und Mythologisierung des Führerkultes um Hitler ein solches Feuerwerk an nahezu chaplinesken Slapstick-Elementen gegenüber, um das Führerbild zu demontieren. Komisch-parodistischer Höhepunkt ist dabei das gestelzte Schreiten Uis in Kombination mit dem Zusammenlegen der Hände vor dem Geschlechtsteil („Ungezwungen und doch gerafft", Ui, S.55), weil die Bedeckung zugleich die

---

62 G. Brockhaus, a.a.O., S. 222

Betonung verstärkt. Der Gefahr einer Verzerrung der Figur in reine Komik wird allerdings dadurch begegnet, dass Ui die Kunst der Rede ausgerechnet an einem demagogischen Text einstudiert, der auf Machterwerb angelegt ist (Antoniusrede). So paaren sich hier Groteske und Schauerliches.

Szenen 8-9

Was Ui in der 7. Szene gelernt hat, setzt er in der 8. Szene sogleich um, die durch die große Rede Uis vor den Gemüsehändlern eingeleitet und dominiert wird. Dabei wird Uis Rede in die Theatralik einer Gesamtinszenierung eingepasst. Zu den Inszenierungselementen gehört die Präsenz von Uis Personal ebenso wie der Auftritt Clarks und Dockdaisys (als Frau Bowl) und die Anwesenheit Dogsboroughs, als dessen „Sohn" sich Ui bezeichnet. Die Rede ist mit den Versatzstücken angereichert, derer sich Ui immer wieder bedient. Allgemeinweisheiten tauchen auf („Das ist nun im Leben einmal so/Umsonst ist nur der Tod", S. 62), der Verweis auf seine einfache Herkunft (siehe Ui, S.64), langatmige Aufzählungen, ökonomische Banalitäten („Der Arbeitsmann ist aus der heutigen Welt nicht wegzudenken", Ui, S. 63), Warnungen vor dem Chaos und feindlichen Elementen. Uis Rede endet in einem Zustand körperlicher Erschöpfung und völliger Leere, ein Muster, das von Auftritten Hitlers bekannt ist, der sich während seiner Reden, die oft zaudernd-zögerlich und stockend begannen, in ekstaseähnliche Zustände hineinsteigerte, wobei die Stimme sich überschlug und schließlich heiser wurde, bis er am Schluss nahezu apathisch das Podium verließ.

Die gestischen Mittel, die Ui einsetzt, sind ebenfalls Teil des Zeichenrepertoires, das zur Gesamtwirkung seines Auftritts beitragen soll. Es handelt sich nicht um spontane Gefühlsregungen, sondern um funktionalisierte Posen: Ui ergreift Dogsboroughs Hand und fasst dem von Dockdaisy mitgebrachten Kind väterlich unter das Kinn (eine Pose, die von Hitler ebenfalls hinlänglich bekannt ist).

Dogsboroughs Rolle ist auf eine reine Staffage der Szenerie beschränkt, der kranke Alte verkörpert das kranke alte System, dem nur noch aus Propagandazwecken rhetorisch gehuldigt wird. Zu sagen hat er (auch im wortwörtlichen Sinne) in dieser Szene schon nichts mehr.

Reicht die inszenierte Schau nicht aus, das macht der Schluss der Szene deutlich, greifen die neuen Machthaber statt zu Argumenten zur Pistole.

Auch im 9. Bild sind Schauerliches und Groteskes verschränkt, eine Forderung die Brecht an das gesamte Stück und seine Inszenierung stellt. Die Gerichtsverhandlung findet in gewalttätiger Atmosphäre statt und entbehrt dennoch nicht grotesker, fast komischer Elemente, die das Bedrohliche allerdings um so schärfer hervorheben. Das Gelalle des gedopten Angeklagten wirkt ebenso grotesk wie die Aussage Dockdaisys („Ich erkenne den Angeklagten sehr gut an seinem schuldbewußten Ausdruck und weil er einen Meter und siebzig groß ist.", Ui, S. 73). Die Missachtung des Gerichts (durch Givola und Giri) hat teilweise komische Elemente („Haben Sie was dagegen, daß ich in Cicero speise und in Chikago verdaue, Herr?", Ui, S. 71). Diese groteske Zeichnung des Prozesses, bei dem vor den Augen des Richters und der Öffentlichkeit der Angeklagte unter Drogen gesetzt und ein Zeuge erschossen wird, zeigt die Gerichtsverhandlung als das, was sie wirklich ist, nämlich eine Farce auf ein ordentliches Gerichtsverfahren.

Durch die Unterteilung in Einzelszenen bekommt das Gerichtsverfahren etwas Panoptikumhaftes, was durch den Einsatz von Orgelmusik am Ende einiger Teilszenen und das immer wieder auftauchende Gelächter unterstützt wird. Eine Justiz wird verlacht, die sich in den Dienst einer verbrecherischen Macht gestellt hat, anstatt über sie zu urteilen und zu richten. Der Trauermarsch Chopins, den die Orgel intoniert und mit dem in dieser Szene eine unabhängige Justiz zu Grabe getragen wird, kommt deshalb auch konsequent als Tanzmusik daher. Den hohen Anspruch der Wahrheitsfindung und der Gerechtigkeit hat dieses Gericht längst aufgegeben. Deshalb ist die Sprache – im überwiegenden Teil – auch nicht im „hohen Stil" verfasst, sondern Alltagssprache. Wo eine Gerichtsverfahren zur Theaterinszenierung verkommt, ist die hohe Sprache des Theaters als Verfremdungseffekt nicht mehr geeignet. Dies käme einer Parodie der Parodie gleich.

Szenen 10-12

Die zehnte Szene, die Dogsborough beim Verfassen seines Testaments zeigt, führt uns dieses als ein Dokument nutzlosen Wissens vor. Dies wird schon dadurch deutlich, dass Dogsborough in nächtlicher Einsamkeit, zurückgezogen in sein Landhaus und isoliert von der Öffentlichkeit, sein Wissen zu Papier bringt. Die Nutzlosigkeit wird um so schärfer betont, als das Verb „wissen" den gesamten Text regiert. Taucht es zunächst konjunktivisch auf („Ich hör, die mich von früher kennen, sagen/Ich wüßt von nichts, und wenn ich's wüßt, ich würd/Es niemals dulden."), wird die harte Wirklichkeit, eingeleitet durch ein adversatives „aber", dem falschen Schein direkt gegenübergestellt: „Aber ich weiß alles." Die Generalisierung wird dann an Einzelbeispielen aufgefächert und durch ein siebenmaliges „weiß" (Indikativ/Präsens) am Beginn von sieben Sätzen (einmal wird ein „und" vorangestellt) konkretisiert und verstärkt, um am Ende, in der Rückschau Dogsboroughs, durch die zweimalige Verwendung des Verbs „wissen" in der Präteritumform des Indikativs (Ich wusst) die einleitende doppelte konjunktivische Verwendung aufzuheben. Ebenso wird dem konjunktivischen „ich würd/Es niemals dulden" zu Beginn das indikativische „und dies alles hab ich/Geduldet" am Ende entgegengesetzt.

Die Nutzlosigkeit des Wissens Dogsboroughs wird durch den direkten Anschluss des 11. Bildes noch weiter hervorgehoben. Givola fälscht Dogsboroughs Testament. Wie Dogsborough sehen wir Givola schreiben, und beginnt Dogsborough sein Testament mit der Formulierung „So habe ich, der ehrliche Dogsborough...", so setzt Givolas Fassung mit den Worten ein: „So hinterlaß ich, Dogsborough,..". Weisen beide Fassungen des Testaments zu Beginn ein konsekutives „so" auf, verzichtet Givola zunächst auf das Adjektiv „ehrlich".

Dies hat doppelte Funktion: Der „ehrliche" Dogsborough, dessen Ansehen instrumentalisiert wurde, wird nicht mehr gebraucht, seine „Ehrlichkeit" und sein Ansehen beim Volk sind nutzlos geworden. Gleichzeitig macht der Gangster Givola deutlich, dass die „Ehrlichkeit" Dogsboroughs, an der dieser einleitend im Testament anknüpft, zur reinen Makulatur und Selbsttäuschung verkommen ist. Der Gangster, so sehr er auch das Testament verfälscht und auf den Kopf stellt, spricht in diesem Punkt die Wahrheit aus. Wenn Givola das Adjektiv „ehrlich" am Schluss der Fälschung dann noch einmal einfügt, gerät es zum nackten Zynismus: „Glaubt das eurem alten/ Ehrlichen Dogsborough!" Worauf Givolas Kommentar folgt: „Ich denk, das reicht./ Und hoff, er kratzt bald ab!" (alle Zitate S. 78 f.) Im Anschluss daran betont Givola mit dem paradoxen Bild vom „weißen Raben" noch einmal die Funktion, die Dogsborough für die Öffentlichkeit gehabt hat. Dieses Bild verweist Dogsboroughs „Ehrlichkeit" in den Bereich der Legende und macht zugleich deutlich, dass Dogsborough von dieser Legende seiner selbst gelebt hat.

Der zweite Teil des 11. Bildes (Auseinandersetzung zwischen Roma, Giri und Givola) sowie das 12. Bild (Liquidierung Romas), denen auf der realgeschichtlichen Ebene die Ausschaltung innerparteilicher Gegner Hitlers als Voraussetzung für die endgültige Festigung der Diktatur entspricht, entlarven den Mythos der einheitlichen nationalsozialistischen Bewegung, indem sie Roma, Givola und Giri als konkurrierende Figuren zeigen, die sich an Bösartigkeit gegenseitig übertreffen und deren taktische Winkelzüge auch Leichen im eigenen Lager in Kauf nehmen, wenn es der eigenen Position nutzt („Hund", sie stehen sich rasend gegenüber, „Clown", „Dieb", Bedrohung mit der Waffe, Mordplan Romas, Androhung eines Mordes durch Giris Satz „Dein Hut gefällt mir").

Gleichzeitig wird die Wankelmütigkeit Uis demonstriert, der aber, im entscheidenden Moment, instinktiv das Gespür für Macht hat und seinen Freund Roma verrät. Diese Wankelmütigkeit Uis findet ihren Niederschlag in den im Nebentext angegebenen Stimmungslagen (in die Luft stierend, auffahrend, mißgelaunt, wie aufwachend, in sein

Brüten zurückfallend, teilnahmslos, aufspringend, erschreckt, finster, kalt, vergl. S.79 ff.). Dem „Wissen" Dogsboroughs in Szene 11 wird in Szene 12 als zentraler Begriff Uis der „Glauben" gegenübergestellt: „Euch fehlt der Glaube!" (In der Ansprache Uis taucht der Begriff als Nomen und Verb zehnmal auf). Verbunden wird er mit dem Begriff „Vertrauen". Aus dem Zusammenspiel beider Begriffe leitet Ui seine „Vorbestimmung" zum „Führer" ab: „Doch was sie nicht haben, ist der feste Glaube/daß sie zum Führer vorbestimmt sind." (Ui, S. 85)

Diese Vorsehungsphraseologie Uis wird durch das 12. Bild als taktisches Kalkül gezeigt. Denn Ui lässt den Mann liquidieren, der ohne Vorbehalte an ihn glaubt. Roma: „Arturo, wenn ich nicht/Grad diesen Glauben hätt an dich, den du/Beschrieben hast (...)." (Ui, S. 86)

Das Taktieren als zentrales Element des „Politischen" beschränkt sich allerdings nicht nur auf Ui und seine Spießgesellen; es ist ebenso kennzeichnend für die Vertreter der bürgerlichen Sphäre, die mit Clark und Frau Dullfeet im 11. Bild erscheinen (vergl. Ui, S.91-93).

Szenen 13-17

Wenn in der 13. Szene Ui als der skrupellose Zyniker der Macht und Dullfeet als Repräsentant humanistischer Ideale gegenübergestellt werden, so machen schon die Größenverhältnisse („Dullfeet, ein Mann, nicht größer als ein Knabe", Ui, S. 99) klar, wer die Oberhand behalten wird. Auch die Technik des Ins-Wort-Fallen (siehe S.100 f.), die Ui zu Beginn des Gesprächs anwendet, transportiert die Machtverhältnisse und nimmt die spätere Ermordung Dullfeets sprachlich vorweg. Zugleich baut das im zweiten Teil der Szene arrangierte „durch die Blume sprechen" zwischen Givola und Dullfeet die Bedrohung durch sprachliche Doppeldeutigkeiten weiter auf, wobei zugleich, durch die Travestie der „Gartenszenen" aus Goethes Faust, die Hilflosigkeit „klassischer Werte" angesichts einer brutalen Macht vorgeführt wird, die sich diese Werte (in Form von Bildungsgütern) ornamental zur Ästhetisierung der Eigeninszenierung einverleibt.

Die 13. Szene behandelt, wenn auch nur am Rande, die Frage möglichen Widerstandes, den Dullfeet durch die Herstellung von Öffentlichkeit zumindest ansatzweise leistet. Wenn Betty Dullfeet ihrem Mann rät zu schweigen („Doch schweigst Du nun/Verschonen sie dich.", Ui, S. 99), muss das angesichts des vorher gezeigten Schicksals Dogsboroughs, der zu allem geschwiegen hat, als gleichermaßen naiv wie tragisch-ironisch erscheinen. Am Ende der Szene, nach dem Gespräch mit Givola, erscheint Dullfeet „kalkweiß" (der Angeklagte Fish in Szene 9 ist bei der Verkündigung des Urteils „kalkweiß", Betty Dullfeet, Szene 14, ist „kalkweiß", auch die Grünzeughändler von Chikago und Cicero im 16. Bild sind „kalkweiß"), sein Schicksal steht ihm somit schon ins Gesicht geschrieben.

So ist es nur konsequent, wenn auf den Satz Uis am Ende der Szene („Der Mann mißfällt mir." Ui, S.106) das 14. Bild mit der Trauerrede auf den ermordeten Dullfeet einsetzt.

Die brutale Werbung Uis um Betty Dullfeet am Sarg ihres Mannes korrespondiert mit dem Verlust von Einfluss auf Seiten der Trustvertreter (Mullberry: „Das war ein schwarzer Tag/Wo du uns diese brachtest, Clark!", Ui, S.109). Ihr Werkzeug Ui hat sich nun verselbstständigt, sich über sie erhoben, der „Handlanger" ist jetzt auch „Faustlanger", „die industrie bekommt ihren imperialismus, aber sie muß ihn nehmen, wie sie ihn bekommt, den hitlerschen."(Brecht, AJ, S.267)

Im Gespräch mit Betty Dullfeet greift Ui wieder auf sein Arsenal rhetorischer Kniffe zurück, präsentiert sich als Unverstandener, der nur das Beste will, dem man Vertrauen schenken muss, der Freundschaft verspricht und einfordert und auf seine einfache Herkunft und seine Ehrlichkeit verweist, um, als all dies nicht verfängt, nahezu nahtlos in offene Drohungen überzuschwenken („Mein Plan ist eisern!", Ui, S. 114). Auch in dieser Szene ist die Geste des Hand-Ausstreckens (verbunden mit der nur noch rhetorischen Frage „Freundschaft?", Ui, S. 114) ein Symbol der Macht-Ergreifung, der Inbesitz-Nahme; der Griff nach der Hand Betty Dullfeets ist ein Würgegriff. Betty Dullfeet wiederum muss nun ihre Naivität erkennen. Hatte sie im Gespräch mit ihrem Mann (Szene 13) noch gesagt: „Sie sind nicht Tiere." (Ui, S. 99), so bezeichnet sie Ui jetzt als „Schlange" (Ui, S.110), den die „tierische Tat entflammt" (Ui, S.112) und als „Ungetüm" (S. Ui, 113).

Diesem „Ungetüm" wird in Szene 15 durch seinen ermordeten Spießgesellen Roma der Spiegel vorgehalten. Der omnipotente „Führer" ruft „Habt Erbarmen!"(UI, S.115). Es geht in dieser Szene nicht um die Darstellung von Zweifeln Uis über seine Taten, die psychologisierende Einsicht (Sicht nach Innen), die einen von Gewissensbissen geplagten Ui zeigt, sondern um die Gegenüberstellung öffentlich inszenierter Macht in den Szenen 13 und 16 und ins Private verwiesene (die Szene ist im Schlafzimmer angesiedelt, Ui liegt im Bett) Reduzierung auf ein Normalmaß. Dem „öffentlichen" Ui in seiner Größe wird hier der „private" Ui in seiner erbärmlichen Kleinheit gegenübergestellt. Die Macht Uis wird als inszenierte Macht deutlich betont, wenn die Schüsse der Leibwächter den Geist Romas vertreiben.

Brecht legt hier einem Mörder und Schlächter das Schicksal Uis in den Mund, weit über den Gang des Stücks (und der Realgeschichte bis zum Einmarsch in Österreich) hinausgreifend, wenn er ihn prophezeien lässt:„ Und gegen dich antreten, eine Welt/Blutend, doch haßvoll, daß du stehst und dich/Nach Hilf umschaust."(Ui, S., 115)

Roma vollstreckt an Ui nun das, was Betty Dullfeet Ui als doppelbödige und zynische Moral vorgeworfen hat: „Ich bin geschädigt! schreit der Schaden, und/ Ein Mord, den müßt ihr rächen!schreit der Mord."(Ui, S. 114) Insofern darf die von Brecht in den „Notizen" gesehene Gefahr, Roma könne Märtyrerzüge erhalten (siehe Ui, S.134), nicht überbewertet werden.

Hervorzuheben an der 16. Szene ist vor allem die nun endgültig zur Perfektion getriebene Inszenierung und Ästhetisierung der öffentlichen Auftritte Uis bei gleichzeitigem uneingeschränktem Einsatz von Terror. Die Inszenierung des Auftritts Uis im öffentlichen Raum wird nun zu dem Ritual, das wir von den Auftritten Hitlers kennen. Einmarsch unter Fanfarenstößen und Einsatz von Trommeln, Hindurchschreiten durch die Menge, die einen Korridor bildet, Aufstellen von

Leibwächtern im Hintergrund, Ankündigung des Redners (durch Givola/Goebbels), Ansprache über das Mikrophon.

Folgerichtig und dem Prinzip der Steigerung folgend, ist dieser Auftritt an den Schluss gesetzt. Spricht Ui im 8. Bild bei seinem Auftritt vor den Grünzeughändlern noch im geschlossenen Raum (Büro des Karfioltrust), so wird hier die Machtdemonstration in aller Öffentlichkeit vollzogen. Die „freie" Abstimmung ist eine Farce, der Terror tritt unverhüllt auf, noch nicht einmal Widerspruch, geschweige denn Widerstand duldend, die Expansionspläne werden offen ausgesprochen. Das Stück kehrt, allerdings unter veränderten Vorzeichen, an seinen Ausgangsort zurück, die „City"(die Ortsangabe zur ersten und zur sechzehnten Szene sind deckungsgleich). Beginnt das Stück in der City mit der Intrige der Führer des Karfioltrusts, so schließt sich der Kreislauf nun mit der Inbesitznahme des öffentlichen Raums durch Ui als symbolischem Ausdruck seiner Herrschaft.

Diesen Eindruck uneingeschränkter (und noch ungefährdeter) Machtfülle hebt auch die 17. Szene nicht auf, die, in den Worten der blutüberströmten Frau, die Bezeichnung Uis als „Tier" aufgreift und zum „Untier" steigert, als „Laus" konkretisiert und schließlich in die Bezeichnung „Pest" als letztem Wort des Stücks münden lässt.

Die Szene wirft die Frage des Widerstandes auf („Wo seid ihr? Helft! Stoppt keiner diese Pest?", Ui, S. 123), lässt die Antwort jedoch offen. Aus den Aussagen der Frau kann aber, sozusagen ex negativo, eine mögliche Antwort abgelesen werden. Aus dem „Lauft nicht weg!" müsste ein „Haltet stand!" werden, aus dem „Und alle dulden's!" ein „Leistet Widerstand!"

Die Faszination der Machtrituale gilt es als schönen Schein zu zerstören: „Und wir gehen

hin! Ihr! 's ist der Ui! Der Ui!"

Der Respekt vor dem großen Töter muss durchbrochen werden!

5.2.3 Prolog und Epilog

Prologe und Epiloge gehören zu den episierenden Elementen der Theaterstücke Bertolt Brechts. Prolog und Epilog sind mit dem Gestus des „Zeigens" und der direkten Ansprache ans Publikum verbunden. Sie können von einem Ansager oder einer Figur des Stücks vorgetragen werden, die zumeist gleichzeitig die Autoreninstanz durchscheinen lassen. Heißt es im Prolog zu „Herr Puntila und sein Knecht Matti": „Geehrtes Publikum! (...)Wir zeigen nämlich heute abend hier/Euch ein gewisses vorzeitliches Tier (...)", so ist die analoge Ankündigung im „Ui" formuliert: „Verehrtes Publikum, wir bringen heute (...)" (Ui, S. 7)[63] Dem „wir bringen", das Autor, Ansager und Schauspieler einschließt, steht das ans Publikum gerichtete „Sie sehen" korrespondierend gegenüber („Sie sehen hier, von Künstlern dargestellt....", Ui, ebenda)

Der Prolog im „Ui" wird von einem Ansager im Stile eines Jahrmarktsschreiers gehalten, der, von „Bumsmusik" im Hintergrund begleitet, eine „große historische Gangsterschau" ankündigt. Im ersten Teil des Prologs gibt der Ansager einen gerafften Überblick zur Handlung des Stücks und nennt auch schon Gründe für den Aufstieg Uis („Aufstieg des Arturo Ui während der Baisse", also der Wirtschaftskrise), im zweiten Teil holt er die Protagonisten Dogsborough, Givola, Giri und Ui vor den Vorhang und gibt zu jeder Figur eine treffende Kurzcharakterisierung ab („Einer der größten Killer aller Zeiten!"), die mit respektlosen Aufforderungen an die Figur („Mach deinen Diener, du verdorbner Greis!//Weg mit dir!") und/oder einer Aufforderung ans Publikum verbunden ist („Lügen, heißt es, haben kurze Beine!/Nun betrachten Sie seine!").

Im dritten Teil seiner Ansprache geht der Ansager auf die Inszenierung ein (keine Kosten gescheut/großer Stil), um dann den Bezug vom Spiel zur Wirklichkeit herzustellen: „Was wir hier zeigen, weiß der ganze Kontinent:Es ist das Gangsterstück, das jeder kennt." (Ui, S.9)

---

63 Bertolt Brecht, Herr Puntila und sein Knecht Matti, Berlin 1968, S. 7

Der Prolog markiert somit gleichzeitig das Spiel als Spiel, zeigt die Theaterbühne als Illusionsraum, um sodann das Spiel an die Wirklichkeit anzubinden. Das als Spiel benannte Spiel hat die Aufgabe, die Wirklichkeit durchschaubar zu machen, indem der Prolog die Figuren gleich zu Beginn als das denunziert, was sie wirklich sind, und sie nicht zeigt, wie sie dann später im Stück erscheinen wollen. Dogsborough ist eben nicht der Ehrenmann, als der er sich ausgibt, sondern ein „verdorbner Greis", Giri ist ein „Superclown" und ein „Killer" zugleich. Brechts mit dem Ui-Stück verfolgte Absicht, die „großen" Verbrecher als Verüber großer Verbrechen zu zeigen, wird somit gleich zu Beginn verfolgt. Noch bevor wir die Figuren in ihrer Selbstüberhöhung in den einzelnen Bildern des Stücks sehen, dampft sie der Prolog auf das ein, was sie sind: verbrecherische Kreaturen. Dadurch wird zugleich der Blick des Publikums für das Gezeigte geschärft; noch bevor die Figuren Faszination entfalten können, wird diese im Keim erstickt.

Indem der Ansager direkt und indirekt auf die Inszenierung im „großen Stil" hinweist, macht er diesen Stil, der sich in der Sprache der Figuren in der Versverwendung ausdrückt, zugleich als Mittel der Desillusionierung deutlich: Die Kunstsprache wird eingesetzt, um die Künstlichkeit (die Falschheit/das hohle Pathos) des von den Figuren Gesagten zu unterstreichen.

Weist der Ansager am Ende des Prologs das Publikum ausdrücklich darauf hin, dass mit den Mitteln der Theaterillusion die Wirklichkeit gezeigt wird („Jedoch ist alles streng wirklichkeitsgetreu", Ui, S.8), knüpft der Epilog, allerdings bereits aus der Rückschau, hier an: „So was hätt einmal fast die Welt regiert!" (Ui, S.124) und verlängert die Geschichte in die Gegenwart („Der Schoß ist fruchtbar noch, aus dem das kroch.") Gleichzeitig unterstreicht der Epilog die didaktische Absicht des Stücks und gibt Hinweise darauf, wie eine Wiederholung zu vermeiden wäre.

„Ihr aber lernet, wie man sieht statt stiert
Und handelt, statt zu reden noch und noch."

Brecht setzt zunächst das Sehen, also das bewusste Wahrnehmen, dem Stieren gegenüber, das fasziniert dem oberflächlichen Schein erliegt. Dem Gegensatzpaar „sehen" und „stieren" folgt das Gegensatzpaar „handeln" und „reden". Die Erkenntnis bleibt folgenlos, wenn sie nicht mit Handlung verbunden ist. Und diese Handlung muss kollektiv erfolgen, wie ja auch ein Kollektiv (das der Zuschauer) angesprochen wird („ihr"). Die Aufgabe seines Stücks (seiner Stücke) sieht Brecht dabei in der Erweckung der Lust an der Erkenntnis und der Veränderung: „Es ist nicht genug verlangt, wenn man vom Theater nur Erkenntnisse, aufschlußreiche Abbilder der Wirklichkeit verlangt. Unser Theater muß die Lust am Erkennen erregen, den Spaß an der Veränderung der Wirklichkeit organisieren."[64]

5.3 Figurenkonstellation-Figurenkonfiguaration-Charakteristiken

Den Figuren des Ui-Stücks kann man sich unter unterschiedlichen Gesichtspunkten nähern. Zunächst einmal ist auffällig, dass Brecht bestimmten Figuren des Stücks parallele Figuren zuordnet: Ui hat die Parallelfigur Hitler, Givola die Parallelfigur Goebbels etc. (siehe ausführlich 4.1.) Demgegenüber gibt es Figuren, denen keine entsprechende Parallelfigur zugeordnet ist bzw. Figuren, die gesellschaftlichen Gruppen als Gegenüber haben oder solche repräsentieren (Karfioltrust= Junker und Industrielle).

Betrachtet man die Figuren auf einer historischen Folie, so tauchen Persönlichkeiten der Zeitgeschichte nicht oder nur verdeckt auf, obwohl sie im historischen Kontext bestimmter Szenen des Stücks als Figuren zu erwarten wären: Eine analoge Figur zu Torgler, dem Führer der Reichstagsfraktion der KPD, taucht im „Speicherbrandprozeß" nicht auf, Dimitroff wiederum (ebenfalls Angeklagter) ist

---

64 Bertolt Brecht, zitiert nach Schriften zum Theater. Über eine nicht-aristotelische Dramatik, Frankfurt 1971, S. 127

hinter dem Verteidiger im „Speicherbrandprozeß" zu erkennen. Personen der Zeitgeschichte, die im Zusammenhang mit dem Aufstieg Hitlers in der Weimarer Republik eine nicht unbedeutende Rolle spielen (Hugenberg, von Schleicher, von Papen) werden im Ui-Stück noch nicht einmal auf der Ebene der Andeutung vergegenwärtigt.

Dies verweist auf zwei Eingangsvoraussetzungen, die bei der Betrachtung der Figuren des Stücks berücksichtigt werden müssen. Es geht im Stück eben nicht um eine umfassende Darstellung des Aufstiegs Hitlers bis zum Einmarsch in Österreich und erst recht nicht um eine Abbildung der Geschichte der Weimarer Republik in ihrer Endphase. Der Ansatzpunkt des Stücks liegt somit, wie von Brecht betont, im „Ausschnitthaften" des Geschehens.

Die zweite Voraussetzung besteht in der „Basisverfremdung", die Brecht vornimmt und die in der Al-Capone-Story zu sehen ist. Diesen Aspekt betont auch Manfred Wekwerth, der gemeinsam mit Peter Palitzsch und dem „Berliner Ensemble" den „Ui" 1959 inszenierte, wenn er schreibt: „Die Analogie mit dem Aufstieg des Chikagoer Gangsterbosses Al Capone – dessen Geschichte das Stück ziemlich genau nachzeichnet – sollte die Bewunderung der negativen Größe eines Adolf Hitler bei denen reduzieren, die ihn in Europa mit der Waffe bekämpfen halfen. Die Geschichte selbst lieferte die grausige Komponente. Ja, es war gerade die Furcht vor der angeblichen verbrecherischen Größe Hitlers, die durch den parabelhaften Vergleich mit dem Chikagoer Straßenräuber durchlöchert werden sollte."[65]

---

[65] Manfred Wekwerth, Der aufhaltsame Aufstieg des Arturo Ui. Ein Gangster-Spektakel von Bertolt Brecht in: Notate. Über die Arbeit des Berliner Ensembles 1956 bis 1966, Frankfurt am Main 1967, S. 38.
Wekwerth war an den Vorüberlegungen Brechts zu einer Inszenierung des Stücks mit dem „Berliner Ensemble" beteiligt, die im Sommer 1956 begannen. Brecht beschäftigte sich in dieser Zeit mit der Erweiterung des Spielplans des Ensembles. In diesem Zusammenhang schreibt Wekwerth über Brechts Überlegungen: „Von seinen eigenen Stücken nannte er den *Arturo Ui*, den er unter strengster Diskretion einigen von uns zu lesen gab. Er hatte sich bisher geweigert, dieses Stück für eine Aufführung zur Diskussion zu stellen. Hauptsächlich fürchtete er die mangelnde historische Reife des deutschen Publikums." (ebenda/Kursivsetzung im Original)

Dies bedeutet, dass der Ui im Stück nicht Hitler ist bzw. ihn symbolisiert, sondern dass hinter Ui, der sich im Gangstermilieu Chikagos bewegt, Hitler aufscheint. Es geht also um eine Anspielung, nicht um eine Abbildung, wobei die Anspielung selbst wiederum aufs Ausschnitthafte begrenzt ist.

Zu Beginn des Stücks tauchen Figurengruppen auf. Sehen wir in der ersten Szene des Stücks die Trustherren als Fünfergruppe, so taucht auch Ui (in der vierten Szene) im Kreise seiner Mitgangster auf. Im Verlaufe des Stücks wird die Trustgruppe durch eine reduzierte Anzahl von Figuren repräsentiert, im 14. Bild sind es Clark und Mulberry, im 16. Bild ist es nur noch Clark, der als Vertreter des Trusts bei der öffentlichen Versammlung in Erscheinung tritt.

Dies deutet einerseits auf den schwindenden Einfluss des Trusts hin (die Macht Uis hat sich verselbstständigt), Clark mag andererseits deshalb im 16. Bild auftreten, weil er der eigentliche Drahtzieher bei der Einsetzung Uis ist („Das war ein schwarzer Tag/Wo du uns diese brachtest, Clark!", Ui, S. 109). Grünzeughändler und „Ciceroer" tauchen ebenfalls nur als Gruppen auf, durch fehlende Namensgebung sind sie von vornherein anonymisiert. Auch die Kollektive (Trustherren/Händler/Ciceroer) sind aber nicht als abstrakte Abbilder tatsächlicher historischer Kollektive zu missdeuten, dazu sind sie, wieder dem Prinzip der Vereinfachung verpflichtet, viel zu undifferenziert und auch ungleichgewichtig gezeichnet. Darauf spielt Brecht selbst an, wenn er in den „Notizen" schreibt: „Die Industriellen scheinen von der Krise alle gleichermaßen betroffen; anstatt daß die Schwächeren erschlagen werden von den Stärkeren. (Aber vielleicht ist das auch ein Punkt, der zu weit ins Detail führen würde und auf den die Parabel verzichten kann)." (Ui, S. 133)

Wenngleich Ui im Stück eine dominante Rolle einnimmt (außer in den Szenen 1-3, 9 und 10 sowie in der Szene 17 taucht er in jeder Szene auf, wobei er in der Szene 2 kurz zu sehen ist) und die größten Sprechanteile hat (v.a. durch seine Reden und Ansprachen), ist doch augenfällig, dass er in keiner Szene des Stücks alleine präsent ist. Immer ist er von Mitgliedern seiner Gang in wechselnden Konfigurationen umgeben. Sogar in der „Traumszene" (Szene 15), in der er (nur von Leibwächtern umgeben) alleine im Bett liegt, taucht Roma bzw. dessen Geist auf. Daraus lassen sich zwei Schlussfolgerungen ziehen.

Ui und seine Gangster werden als eine Gruppe rivalisierender, sich gegenseitig belauernder, in taktische Manöver verstrickte Männer gezeigt, die nicht irgendeinem Programm verpflichtet sind, sondern denen es um Machterwerb und Machterhalt geht bzw. deren Programm genau darin besteht. Ui ragt insofern aus der Gruppe heraus, als er die taktischen Manöver meisterlich beherrscht und nahezu instinktmäßig die für seine Interessen jeweils richtige Entscheidung fällt (wogegen etwa Roma die Kunst der Verstellung am wenigsten beherrscht und konsequent beseitigt wird).

Gleichzeitig wird durch diese Verfahrensweise das „Phänomen" Hitler auf ein Normalmaß reduziert und als inszeniertes Konstrukt gezeigt. Ihm wird genau die „Größe" genommen, die er fälschlicherweise im Geschichtsbewusstsein einnimmt und auf die die nationalsozialistische Legendenbildung um den „Führer" abgezielt hat. „Das großartige Geschichtsdrama, das die Nazis vor den Augen der Weltöffentlichkeit gerne gespielt hätten, wird von Brecht satirisch demoliert."[66] Insofern ist es auch als funktional anzusehen, dass im gesamten „Ui" keine der „großen" Reden Hitlers parodiert wird. Was nicht groß ist, sondern nur scheinhafte Größe hat, soll nicht, selbst in parodistischer Verzerrung nicht, als groß erscheinen. Und dennoch – oder genau deshalb – sind hinter Uis Ansprachen die Reden Hitlers zu erkennen, aber reduziert auf ihre immer wiederkehrenden Versatzstücke im Bereich rhetorischer Mittel und inhaltlicher Muster, zu denen u.a. zu zählen sind: die Legende von der Herkunft und vom Aufstieg des kleinen Mannes, die Bestimmung durch die Vorsehung, die Ich-Bezogenheit (Häufigkeit des Personalpronomens „ich"), die Reihungen und rhetorischen Fragen, die Dominanz des Nominalstils und

---

[66] Franz Norbert Mennemeier, Modernes Deutsches Drama. Kritiken und Charakteristiken, Bd. 2:1933 bis zur Gegenwart, München 1975, S. 74

hypotaktischer Konstruktionen, die Leerformeln und die Beschwörungen, die Emotionalisierung (häufig durch Adjektive vorangetrieben), die Verwendung von Stereotypen und Klischees. Hinzu kommen die (in der Schauspieler-Szene von Ui eingeübten) hinlänglich bekannten Posen Hitlers. Es geht Brecht dabei um „zitierte Ähnlichkeiten in Tonfall, Geste und Masken (...)."[67]

Von einer Charakterisierung der Figuren des Stücks kann im eigentlichen Sinne überhaupt nicht gesprochen werden, die Figuren bleiben, wenn auch graduell unterschiedlich, nahezu „charakterlos" und statisch. Sie sind, wie sind, und bleiben, was sie waren. Eine Entwicklung wird ihnen kaum ermöglicht. Den Figuren wird „lyrische oder reflektorische Tiefe nicht zugestanden (...)."[68] Sie werden schon vom Ansager im Prolog auf Grundzüge reduziert; wie Giri der „Superclown" und „Killer" ist, so wird Dogsborough gleich zu Beginn als „verdorben" gekennzeichnet, Givola ist der „Lügner". Ui ist die „größte unserer Sehenswürdigkeiten!"(Ui, S. 8). Dies bedeutet auch, dass er zuallererst zur Schau gestellt wird und somit durchschaubar gemacht wird. An seinem Beispiel sollen wir das SEHEN lernen, das der Epilog dem STIEREN gegenüberstellt. Um ihn zu erkennen, sehen wir bei ihm auch die größte Palette an „Emotionen" und Verhaltensdispositionen. Wir sehen ihn in Zuständen tiefster Depression und höchster Euphorie, bekommen ihn jammernd, weinend, lachend und brutal drohend vorgeführt, aber so „vorgeführt", wie der Ansager im Prolog die Figuren herausruft und sie dann „vorführt". Wir sehen ihn als väterlichen Freund, treuen Gefährten und terroristischen Machthaber. Dies bedeutet aber nicht, dass hier eine facettenhafte Persönlichkeit psychologisierend aufgefächert wird. Denn wir sehen all dies als **taktische Manöver,** als widersprüchliche Rollensegmente, die Instrumente des Machterwerbs sind. „Hitlers Gefährlichkeit war u.a. seine große, zähe Konsequenz, die eine Konsequenz der Unlogik, des Unverstandes, des Halbverdauten war. (...) Gerade Hitlers Schlappheit, Unentschlossenheit, Leerheit, Gedankenlosigkeit und

---

67 Wekwerth, a.a.O., S. 46
68 B. Lindner, a.a.O., S. 102

Schwäche waren die Quelle seiner Stärke und Nutzbarkeit. (...) Die Dialektik der Ui-Figur: gerade Unfähigkeit, Jämmerlichkeit, Weichheit sind die Quellen des starken Mannes. Er ist die geeignete Persönlichkeit, weil er keine Persönlichkeit hat. Er ist der starke Mann, weil er ein Schwächling ist. Er kann mit Konsequenz jede Situation meistern aufgrund totaler Inkonsequenz."[69]

Einen wirklichen Gegenspieler hat Ui im Stück nicht. Er ist Protagonist ohne direkten Antagonisten. Dullfeet ist ihm nicht „gewachsen" (er kommt auf die Größe eines Knaben reduziert daher), Dogsborough hat sich überlebt und scheitert an seiner eigenen Legende, Clark hat kaum Konturen, Betty Dullfeet fügt sich der Macht. Eine Gegenöffentlichkeit, von Anfang an nur schwach vorhanden, existiert schon bald nicht mehr (bereits beim „Speicherbrandprozeß" ist die Presse an den Rand gedrängt). Dies mag auf der Ebene dramatischer Gestaltung als Mangel erscheinen. Auf dem Hintergrund der Absicht Brechts, den Mythos vom großen Verbrecher zu zerstören, macht es Sinn.

5.4 Die Doppelverfremdung: Gangstermilieu und großer Stil

„die wirkung der doppelverfremdung – gangstermilieu und großer stil – kann schwer vorausgesagt werden. noch die der ausstellung klassischer formen wie der szene in martha schwertleins garten und der werbungsszene aus dem dritten richard." (Brecht, Arbeitsjournal, S.186)

Als Brecht diese Sätze niederschreibt (28.3.1941), hat er den „Ui" fast fertiggestellt (einen Szene fehlt noch). Bereits jetzt hat er aber die Wirkung des Stücks auf das Publikum (das amerikanische Broadway-

---

[69] ders., a.a.O., S. 47

Publikum) vor Augen. Brechts Überlegung macht sich dabei an der von ihm als „Doppelverfemdung" bezeichneten Grundierung des Stücks fest (Verlagerung der Fabel ins Gangstermilieu; Verwendung des „großen Stils", Verweise auf Klassiker).

Der Begriff „Verfremdung" kann als zentraler Begriff der Brecht'schen Theatertheorie und -praxis gelten. Er ist aufs engste verknüpft mit dem epischen (dialektischen) Theater Brechts.

Brecht verwarf, in Auseinandersetzung mit der Poetik des Aristoteles und den Theaterauffassungen Lessings, die Einfühlung, die nach seiner Auffassung mit dem aristotelischen Theater verbunden war.[70] An die Stelle der Einfühlung sollte die *Verfremdung* treten: „Die Einfühlung ist das große Kunstmittel einer Epoche, in der der Mensch das Variable, seine Umwelt die Konstante ist. Einfühlen kann man sich nur in den Menschen, der seines Schicksals Sterne in der eigenen Brust trägt, ungleich uns. (...) Die Frage lautet also: Ist Kunstgenuß überhaupt möglich ohne Einfühlung oder jedenfalls auf einer anderen Basis als der Einfühlung? (...) Was konnte an die Stelle von Furcht und Mitleid gesetzt werden, des klassischen Zwiegespanns zur Herbeiführung der aristotelischen Katharsis? (...) Ich kann die neue Technik des Dramenbaus, des Bühnenbaus und der Schauspielweise, mit der wir Versuche anstellten, hier nicht beschreiben. Das Prinzip besteht darin, anstelle der Einfühlung die *Verfremdung* herbeizuführen. Was ist Verfremdung? Einen Vorgang oder einen Charakter verfremden heißt zunächst einfach, dem Vorgang oder dem Charakter das Selbstverständliche, Bekannte, Einleuchtende zu nehmen und über ihn Staunen oder Neugierde zu erzeugen."[71]

Für Brecht hatte das Theater des Aristoteles zu seiner Zeit seine Berechtigung, im „wissenschaftlichen" Zeitalter aber konnte es nur ein „nicht-aristotelisches Theater" geben. Zudem hielt Brecht die

---

[70] siehe hierzu auch Bernd Matzkowski, Wie interpretiere ich ein Drama ?, Hollfeld 1998; bes. S. 53 ff.

[71] Bertolt Brecht, Gesammelte Werke, Bd. 15, S. 300 ff. zitiert nach E. Neis, Das Drama, Hollfeld 1980, S. 61 f.

begriffliche Trennung von EPIK und DRAMA für überholt, insofern sein Theater epische Mittel einsetzte (episches Theater). Unter dem Einfluss der Lehre von Marx und Engels sah Brecht die Gesellschaft als von Antagonismen (Widersprüchen) vorangetrieben; diese inneren Widersprüche galt es nach Brecht auf dem Theater zu zeigen, um dadurch den Zuschauer von einem Betrachtenden zu einem Handelnden, die Gesellschaft Verändernden zu machen (dialektisches Theater).[72]

Erreichen wollte Brecht dieses Ziel durch eine neue Art der Darstellung (der Schauspielkunst) und durch die Montage zahlreicher Elemente. Der szenische Text, die Musik, das Bühnenbild und die Darstellung auf der einen Ebene wurden ergänzt durch Songs, Kommentare und lyrische Elemente auf einer zweiten Ebene. Hinzu kamen die technischen Hilfsmittel: Tafeln, Projektionen, Filmeinblendungen usw. Diese Elemente sollten aber nicht zu einem „Gesamtkunstwerk" verschmelzen, sondern sich gegenseitig verfremden (Prinzip der „harten Fügung") und so dem Zuschauer unterschiedliche Horizonte eröffnen, etwa wenn eine Figur in einem Song einen völlig anderen Standpunkt als im von ihr gesprochenen szenischen Text vertritt oder sich mit einem Kommentar direkt an das Publikum wendet. „Der V-Effekt wurde im deutschen epischen Theater nicht nur durch den

---

[72] Brecht sah in der Episierung des Theaters die (formale) Voraussetzung für ein dialektisches Theater: „Episches Theater ist für diese Darbietungen wohl die Voraussetzung, jedoch erschließt es allein noch nicht die Produktivität und Änderbarkeit der Gesellschaft, aus welchen Quellen sie das Hauptvergnügen schöpfen müssen." (Brecht, Die Dialektik auf dem Theater/Studium des ersten Auftrittes in Shakespeares Coriolan, 1953, in: Brecht, Schriften zum Theater, a.a.O., S. 174). Im „Kleinen Organon für das Theater" bestimmt Brecht das Verhältnis von Episierung/Verfremdung und Dialektik so : „Die neuen Verfremdungen sollten nur den gesellschaftlich beeinflußbaren Vorgängen den Stempel des Vertrauten wegnehmen, der sie heute vor dem Eingriff bewahrt. (...) Es (das Theater, B.M.) muß sein Publikum wundern machen, und dies geschieht vermittels einer Technik der Verfremdungen des Vertrauten. Welche Technik es dem Theater gestattet, die Methode der neuen Gesellschaftswissenschaft, die materialistische Dialektik, für seine Abbildungen zu verwerten . Diese Methode behandelt, um auf die Beweglichkeit der Gesellschaft zu kommen, die gesellschaftlichen Zustände als Prozesse und verfolgt diese in ihrer Widersprüchlichkeit." (Brecht, Schriften zum Theater, a.a.O., S. 151 f.)

Schauspieler, sondern auch durch die Musik (Chöre, Songs) und die Dekoration (Zeigetafeln, Film usw.) erzeugt. Er bezweckte hauptsächlich die *Historisierung* der darzustellenden Vorgänge."[73] Historisieren aber heißt für Brecht, historische Bedingungen als von Menschen gemacht und somit auch als durch Menschen veränderbar zu zeigen. Und es heißt auch, in den Menschen, die Lust an der Veränderung zu wecken.[74]

Auch im „Ui" setzt Brecht einige von den oben genannten Mitteln ein, die der Episierung, der Verfremdung und der Historisierung dienen. Schon der Gang der Handlung und der Titel des Stücks stehen in einem dialektischen Spannungsverhältnis. Zeigt die Handlung den Aufstieg Uis, so bezeichnet ihn der Titel des Stücks als „aufhaltsam". Damit ist die Konsequenz, mit der die „Karriere" Uis im Stück erfolgt, bereits hinterfragt. Dieses Hinterfragen wird auch im Prolog und Epilog geleistet (ansatzweise auch im Bild 17). Im Prolog wird das Publikum durch den Ansager direkt angesprochen; auch der Epilog richtet sich, über das Stück selbst hinausgehend, ans Publikum. Die eingeblendeten Schrifttafeln gehören zum Inventar des epischen Theaters, ebenso die schlagzeilenartigen „Ankündigungen" auf dem vorgesehenen Leinenvorhang (Ui, S. 7). Sie nehmen, wie auch die inhaltliche Kurzfassung des Stücks, die der Ansager vorträgt, einen Teil des Gangs der Handlung vorweg und sollen das Frageinteresse des Publikums vom „was" (passiert?) auf das „wie" und „warum" (passiert es so?) lenken. Zu den Schlagzeilen und den Ansagen

---

[73] B. Brecht, Verfremdungseffekte in der chinesischen Schauspielkunst, in: Schriften zum Theater, a.a.O., S.85 (Hervorhebung im Original)

[74] Dies bedeutet übrigens nicht, um ein weit verbreitetes Missverständnis anzusprechen, dass das Theater Brechts ein Theater ohne Vergnügen und Genuss ist. So schreibt Brecht im „Kleinen Organon" zum Abschluss: „Das Theater des wissenschaftlichen Zeitalters vermag die Dialektik zum Genuß zu machen. Die Überraschungen der logisch fortschreitenden oder springenden Entwicklung, der Unstabilität aller Zustände, der Witz der Widersprüchlichkeiten usw., das sind Vergnügungen an der Lebendigkeit der Menschen, Dinge und Prozesse und sie steigern die Lebenskunst sowie die Lebensfreudigkeit. Alle Künste tragen bei zur größten aller Künste, der Lebenskunst." (a.a.O., S. 173)

bildet die im Hintergrund spielende „Bumsmusik" einen Kontrast, wie auch der als Tanzmusik gespielte Trauermarsch von Chopin einen Kontrast in sich bildet. Auch das sind Mittel der Verfremdung, wie sie aus anderen Stücken Brechts bekannt sind. Im „Ui" sind sie aber funktionaler Teil der „Doppelverfremdung", die das gesamte Stück kennzeichnet.

Die erste Ebene dieser Verfremdung, Burkard Lindner bezeichnet sie als „Basisverfremdung"[75], besteht in der Verlagerung der Handlung in das Chikagoer Gangstermilieu. Brechts absichtsvolle Verkürzung der historischen Vorgänge um den Aufstieg Hitlers in der Weimarer Republik findet sozusagen im Aufstieg Al Capones ein adäquates Modell, das zugleich, durch die Verlagerung der Vorgänge ins Gangstermilieu, den Aspekt des Verbrecherischen und nicht den einer nur scheinbaren Größe betont. Indem auf der Bühne Verbrecher agieren (Verhüllung), wird der dahinter aufscheinende Aufstieg der Nationalsozialisten als ein Aufstieg von Verbrechern erkennbar (Enthüllung). Ausgangspunkt ist dabei aber die Biographie Al Capones, nicht die Hitlers, denn dazu spart Brecht zu viel aus.

Demnach ist der „Ui" auch kein „Schlüsselstück" über Hitler, der zum Ganoven verkleinert wird, sondern das Stück zeigt durch die Basisverfremdung vielmehr, dass sich der Politiker Hitler Methoden bedient, die sich von denen eines Verbrechers nicht unterscheiden.

Zugleich ist der „Ui" auch keine Parodie auf Hitler und unterscheidet sich somit von Chaplins Film „Der große Diktator" (The Great Dictator, USA 1940). Jan Knopf bemerkt zu dem gerne gezogenen Vergleich zwischen Chaplin-Film und Brecht-Stück: „In Wirklichkeit geht es – ganz im Gegensatz zu Chaplins Film – bei Brecht nicht darum, Hitler zu parodieren, indem man ihn zum miesen Gemüsehändler-Gangster verkleinert und die Verkleinerung ‚hohen Stil' agieren lässt, Brecht verfährt vielmehr umgekehrt; *er geht von den neuen Helden der neuen – amerikanischen – Gesellschaft aus*: Sie wurden in Lebensbeschreibungen und Filmen vor dem Weltkrieg massenhaft

---

75 B. Lindner, a.a.O. S. 32

produziert, und zwar durchaus nach dem Muster der großen bürgerlichen Literatur des 19. Jahrhunderts, der bürgerlichen Romane, voran der Entwicklungsromane, bzw. nach dem Muster der neuen bürgerlichen Kunst, den erfolgreichen ‚Männern' im Film, die nach Perspektive und Fabelführung den alten literarischen Mustern folgten."[76]

Das zweite Element der Doppelverfremdung ist der „große Stil". Er findet sich in der Figurenrede, der Präsentation des Stücks und der „Ausstellung klassischer Formen".

In der Figurenrede herrscht der Blankvers vor (5-hebiger Jambus ohne Reim; in den Szenen tritt allerdings in den Schlusszeilen Reimverwendung auf). Am 2.4.1941 notiert Brecht: „nachträglich habe ich viel damit zu tun, die jamben des AUFHALTSAMEN AUFSTIEG DES ARTURO UI zu glätten. ich hatte den jambus sehr schlampig behandelt, teils mit der begründung, daß das stück ja doch nur in englisch aufgeführt werden würde, teils mit der, daß ein verlotterter vers diesen persönlichkeiten anstehe." (Brecht, AJ, S. 191) Aufgrund des Drucks von Margarte Steffin, seiner Mitarbeiterin am „Ui", die diese Begründungen Brechts für den „schlampigen" Jambus nicht gelten lässt („verlumpung ließe sich anders als durch schlechte jamben ausdrücken", ebenda), überarbeitet er die Sprache der Figuren und hält am 7.4.1941 fest: „grete züchtigt mich mit skorpionen, der jamben des UI wegen."(AJ, S.188) Die Funktion der Versverwendung besteht für Brecht im Ui-Stück hauptsächlich in ihrer „travestiewirkung". Gangstermilieu und klassisches Versmaß stehen sich kontrastiv gegenüber. „Reduziert das Stück die großen historischen Vorgänge auf die Parabel einer banalen Gangsterstory, so hebt es diese Reduzierung wieder auf, indem die Protagonisten das Auftreten klas-

---

76 J. Knopf, a.a.O.; S. 233.
   Chaplin spielt im Film „Der große Diktator" die Doppelrolle des Diktators Hynkel, der unverkennbar Hitler repräsentiert, und eines jüdischen Friseurs , der ‚am Ende des Films, in Rolle und Maske Hynkels schlüpft und in einer Rede zu Frieden, Toleranz und Völkerverständigung aufruft. Brecht lässt im 7. Bild den Schauspieler beim Einstudieren der Posen, die Ui beim Stehen einnehmen will, sagen: „Das ist möglich. Aber gewöhnlich. Sie wollen nicht aussehen wie ein Friseur, Herr Ui."(Ui, S. 56)

sicher Dramenfiguren erhalten; freilich parodistisch; denn die Verssprache soll die banalen Vorgänge nicht aufwerten. (...)Damit soll herausgestellt werden, dass die Agierenden sich gern als weltgeschichtlich bedeutende Persönlichkeiten verstehen möchten, während ihr Auftreten diesen Anspruch mit jeder Zeile dementiert."[77]

Der Entfaltung des Kontrastes zwischen hohem Anspruch und banaler Wirklichkeit dient ebenfalls der Aufführungsstil mit „deutlichen Reminiszenzen an das elisabethanische Historientheater". (Brecht, Hinweise für die Aufführung, Ui, S. 129) Im Zusammenhang mit dieser Forderung ist das Auftreten des Ansagers zu sehen, der von der „großen historischen Gangsterschau" spricht und ausführt, es sei die Absicht der Direktion gewesen, „weder Kosten zu scheuen noch Sondergebühren/Und alles im *großen Stile* aufzuführen." (Ui, S.7 f, Hervorhebung im Original). Da der Ansager als Jahrmarktschreier auftritt, der die handelnden Figuren des Stücks wie Panoptikumsattraktionen auf die Bühne ruft und zur Schau stellt und noch dazu im Knittelvers spricht, wird die parodistische Komponente des „hohen Stils" zugleich angesprochen und in ihrer Funktion deutlich gemacht.[78]

Dem hohen Stil zugehörig sind auch die eingebauten „Ausstellungen" klassischer Dramen, von denen Brecht spricht. (Goethes „Faust" und Shakespeares „Richard III."). Es geht bei dieser „Ausstellung" nicht um eine Denunzierung der Klassiker, also nicht um eine Parodie der Werke Goethes oder Shakespeares um ihrer selbst willen, sondern wiederum um den Kontrast von (zumeist mörderischem) Inhalt (das,

---

[77] B. Lindner, a.a.O., S. 41; in einigen Szenen verzichtet Brecht auf den Jambus (siehe hierzu die Szenenkommentare in 4.2.) Auch Wekwerth betont den hier angesprochenen Aspekt der Jambusverwendung, zeigt aber gleichzeitig seine Funktion für die Darstellungsweise auf: „Der Shakespearevers, gesprochen von Gangstern im Gangsterjargon, liefert Figuren und Vorgänge der Kritik aus, da sie an großen Vorbildern messbar macht. Der fünffüßige Jambus und die große Travestie klassischer Szenen zwang die Darsteller zu einer realistischen, d.h. gestischen Spielweise, die auch im Detail bloßen Naturalismus (Nachahmung ohne Folge) vermeidet." (a.a.O., S. 53 f.)

[78] Über die Inszenierung mit dem „Berliner Ensemble" schreibt Wekwerth zu diesem Aspekt: „Das Spektakuläre wird durch die Benutzung von Schaubude und Zirkuszelt von vornherein der Kritik, also dem Gelächter ausgeliefert."(a.a.O., S.54)

was Ui und seine Spießgesellen sagen bzw. meinen) und Form (die Art und Weise, in der sie sich und diese Inhalte präsentieren). Es geht um die Verdeutlichung der Unangemessenheit und Hohlheit inszenierter Auftritte vorgeblicher Größen. Ein Nebenaspekt mag darin bestehen, auf die Vereinnahmung der Klassiker durch die NS-Kulturpolitik hinzuweisen.

Wenn Brecht im zu Beginn dieses Abschnitts angeführten Zitat die Frage nach der Wirkung der Doppelverfremdung aufwirft, so hat er das Geschichtsbewusstsein seines Publikums ihm Blick, das er als romantisierend oder idealistisch einschätzt: „Die Geschichtsauffasung der Kleinbürger (und der Proleten, solange sie keine andere haben) ist größtenteils romantisch."(„Bemerkungen", Ui, S.131 f.) Der „Ui" hat, wie andere Stücke Brechts auch, somit nicht nur die Aufgabe, Geschichte als veränderbar zu zeigen, sondern das Bewusstsein des Publikums von der Geschichte zu verändern. Brecht stellt sich mit dem „Ui" ja die Aufgabe, den Mythos vom „Führer" zu durchlöchern, als falsches Bewusstsein zu demontieren, indem er ihm im „Ui" jegliche falsche Größe nimmt. Brecht setzt die Vorgänge, die er parabolisch verkürzt zeigt, als „bekannt" voraus, will sie aber durch die Art ihrer Darstellung in ein anderes Licht rücken, das die Vorgänge selbst und zugleich das Bewusstsein des Publikums erhellt. Es geht also nicht nur um einen „Blick zurück", sondern vielmehr um einen Blick „nach vorn". Es geht darum, die Mechanismen des „Aufstiegs" von Ui erkennbar zu machen, um eine Wiederholung in Gegenwart und Zukunft zu verhindern.

6. ASPEKTE ZUR DISKUSSION/MATERIALIEN

In diesem Abschnitt des Bandes werden ausschnitthaft Materialien zur Verfügung gestellt, die die in den bisherigen Teilen behandelten Themen vertiefen und zur eigenen Arbeit anregen sollen.

6.1 Zur Entstehung und beabsichtigten Wirkung des Stücks

In seiner Biografie „Brecht & Co." schreibt John Fuegi über die Entstehung des Stücks und Hitler als „Gegner" Brechts:

„Es war ein ziemlich trüber dreiundvierzigster Geburtstag, den Brecht im Februar feierte. Auf der Suche nach Ablenkung ging er ins Kino und sah sich den Kriminalfilm *Invisible Chains* an. Bald aber schoben Brecht und Steffin alle Probleme mit Visa, Finanzen und Gesundheit beiseite und stürzten sich noch auf ein weiteres neues Werk, ein Stück mit dem optimistischen Titel *Der aufhaltsame Aufstieg des Arturo Ui*, in dem ein Gedanke ausgedrückt wurde, der auf der Hand lag, nämlich, dass man dem Verbrecher Hitler erfolgreich entgegengetreten wäre, hätten gleich zu Beginn alle zusammengearbeitet.

Die Qualität des Stücks schwankt beträchtlich; manchmal wirkt es fast kindisch, doch dann erhebt es sich wieder zu geradezu shakespeareschen Dimensionen, besonders in der Darstellung von Brutalität (wie der Dramatiker Heiner Müller zustimmend festgestellt hat). Müller stellt sich auf den Standpunkt (und der *Arturo Ui* ist nur eines von mehreren Dramen und Gedichten, die er zum Beleg heranzieht,), dass Hitler für Brecht ‚als Gegner ganz wichtig' war, bis ins Formale hinein, ein ‚Idealfeind', weil er ihm den ‚bösen Ton' und damit die ‚großen Stellen' ermöglichte: ‚Das ist die gleiche Art von Bosheit, da war eine ungeheure Affinität.' Ob dieser Aspekt Brechts oder des Textes vielen Lesern zu einer Zeit auffiel, da Hitler vor der Tür stand, muss dahingestellt bleiben, jedenfalls war *Arturo Ui* am damaligen Ort und zur damaligen Zeit unaufführbar."[79]

****

Klaus Völker betont in seinen Überlegungen zum „Ui" den Aspekt der Demontage historischer Persönlichkeiten und stellt Zusammenhänge mit anderen Werken Brechts her:

„Obwohl inzwischen überhaupt keine Aussicht mehr auf eine Aufführung bestand und er mit seiner Produktion völlig isoliert war, erhielt sich Brecht seine Kräfte durchs Arbeiten fürs Theater. Wenn es irgend ging, wollte er sich nicht kleinkriegen lassen und den Nazis nicht den Triumph gönnen, ihn von der Liste ihrer Gegner streichen zu können. Im März fasste er inmitten all des Trubels um die Pässe und Reisemöglichkeiten den Entschluss, für das amerikanische Theater ein ‚Gangsterstück' zu schreiben, das die Vorgänge erklärt, die zur Machtergreifung Hitlers geführt hatten. Gangstermilieu und großer Stil sollten die notwendige Verfremdung der politischen Argumentation erzeugen. Die Gangsterhandlung benutzte er also nicht zur Symbolisierung der politischen Vorgänge, sondern er betrachtete sie als eigenständige Story mit ‚enthüllendem' Charakter. ‚Der aufhaltsame Aufstieg des Arturo Ui' war gedacht als Gangsterhistorie, nicht als Schlüsselstück über Hitlers Werdegang. (...)

Mit dem ‚Ui' setzte Brecht die im Cäsarroman begonnene Demontage großer historischer Persönlichkeiten fort. Es war seine Absicht, die romantische Geschichtsauffassung der kleinbürgerlichen Schichten abzubauen und den Respekt vor den großen Tötern zu zerstören. Wie Chaplin, der damals seinen Film ‚Der große Diktator' drehte, war auch der Stückeschreiber der Auffassung, dass ein blutbefleckter Mann wie Hitler satirisch darstellbar sei und der Lächerlichkeit preisgegeben werden könne (...)."[80]

****

---

[79] John Fuegi, Brecht & Co. Biographie, Hamburg 1997, S. 566 f. (Hinweis: alle in den Materialien auftauchenden Hervorhebungen wie Kursivsetzung etc. sind aus den Originalen übernommen, B.M.)

[80] Klaus Völker, Bertolt Brecht, Eine Biographie, München 1976, S. 299 f.

6.2 Verfremdung/Doppelverfremdung

Reinhold Grimm hebt in seiner Untersuchung des Werkes von Bertolt Brecht die strukturelle Bedeutung der „Verfremdung" hervor und fasst ihre Merkmale und Funktionen zusammen:

„Eins jedoch haben Lehrstück und episches Theaterstück gemeinsam: die Anwendung der *Verfremdung*. Je sorgfältiger man die Sprache und Struktur der BRECHT'schen Dichtung untersucht, desto deutlicher erweist sie sich als das beherrschende Prinzip. Erinnern wir uns, was der Theoretiker BRECHT unter Verfremdung verstanden wissen will: Die Vorgänge erhalten den Stempel des Auffallenden, Ungewöhnlichen; sie werden *merk-würdig*, *frag-würdig* gemacht. Das gelingt, wie wir sahen, durch eine Fülle von überzeugenden Kunstmitteln. Kontraste werden schroff gegeneinandergesetzt. Ein gleicher Vorgang wiederholt sich unter veränderten Umständen. Doppelte Sehweise enthüllt widersprüchliche Züge am betrachteten Objekt. In beiläufiger Redeweise werden die ungeheuersten Aussagen gemacht, als wären sie völlig selbstverständlich; umgekehrt erhält ein belangloser Inhalt übertriebene Bedeutung. Der Autor behandelt Falsches als scheinbar richtig. Phrase und ungeschminkte Meinung erscheinen im selben Satz. Reden und Tun, Form und Inhalt widersprechen einander. Eine Erwartung, die etwas Gewohntes bereits vorweggenommen hat, wird enttäuscht. Zwischen vorgeprägten Mustern, sei es der Handlung oder der Sprache, und ihrer neuen Anwendung entsteht Spannung. Musik, Bild und Wort verfremden einander wechselseitig(...)."[81]

****

Franz Norbert Mennemeier setzt sich mit der beabsichtigten Wirkung des „Ui" und den Möglichkeiten und Grenzen der „Doppelverfremdung" auseinander:

---

[81] Reinhold Grimm, Bertolt Brecht – Die Struktur seines Werkes, Nürnberg 1972, S. 72

„Der ‚Ui' besitzt eine Aktualität, die über die Nazi-Analogie bis in unsere Tage hineinreicht; freilich ist das Stück infolge der parabolischen Reduktion auch nicht davor gefeit, gegebenenfalls als ‚zeitlose' schaurig-schöne Gangstershow inszeniert zu werden. Der aufklärerische Effekt der Verfremdung durch das ‚gangstermilieu' besteht im Wesentlichen darin, dass die aus ‚idealistischen' Überbaustrukturen gepäppelte Ambition faschistischer Glorie hier auf den harten, kriminellen Kern hin transparent wird. Es geht, was auch immer über die Nazis behauptet wurde und was auch immer sie selber von sich behaupten, um geschäftliche Probleme. Das ist Brechts These. Das groß sich aufspreizende Nazi-Wesen und -Agieren erscheint in der Sicht der Brecht'schen Satire als klein: als widerwärtig, gemein, tückisch. Hitlers legendärer Weg zur Macht ist gleichgesetzt mit dem Einstieg ins profane Gemüsegeschäft. (...)

Alle Aspekte des Nationalsozialismus waren durch diesen Zugriff allerdings nicht erfasst, ebenso wie Brecht mit dem Stück ‚keinen allgemein gründlichen Aufriß der historischen Lage der dreißiger Jahre geben' wollte. Lediglich dies eine: Die rigorose Rückführung des in sich vielschichtigen, nicht leicht beschreibbaren ideologischen und politischen Überbaus des Nazismus auf Ökonomisches, sollte geleistet werden, und zwar in einer dramaturgischen Sprache, die dem ausländischen Publikum verständlich war und die speziell amerikanischen Zuschauern die scheinbar ganz andere Nazi-Geschichte anhand eines Kernstücks der heimischen lokalen Historie zu demonstrieren vermochte."[82]

****

Auch Klaus Völker geht in seinem „Kommentar" der Frage nach, in welchem Verhältnis der Aufstieg Uis und der Aufstieg der Nationalsozialisten stehen.

---

82 F.N. Mennemeier, a.a.O., S. 72 -74

„Der Verlauf der Geschichte weist zwar viele Parallelen zum Aufstieg der NSDAP und Hitlers auf, sie ist aber, auch unter Berücksichtigung des parabolischen Charakters, nicht als reine Abbildung zu verstehen. Umgesetzt wird vielmehr in der Fabel die Nähe des kapitalistischen Konkurrenzkampfes zu den Gangstermethoden, mit denen hier Märkte erschlossen und verteidigt sowie gefestigt werden. Nur diese Form der ökonomischen und politischen Machtverteilung schaffte den Raum, in dem die faschistische Herrschaft durchaus gesetzeskonform Einfluss und letztlich die Regierung gewinnen konnte. Der Parabelcharakter betont die Kongruenz der wirtschaftlichen und politischen Methode. Trotz der Benennung ‚Parabelstück' sah Brecht wohl auch einen Schwerpunkt auf die satirische Brechung gelegt, der die Heroen aus Wirtschaft und Politik unterworfen werden.(...) Der Geschichtsausschnitt reduziert sich auf Vertreter der wirtschaftlichen Macht und die Verselbstständigung jener Mittel, die zu ihrer Übersteigerung zur Verfügung stehen."[83]

****

Im Zusammenhang mit der „Doppelverfremdung" weisen Jost, Müller und Voges der „Schauspielerszene" eine besondere Bedeutung zu.

„Implizit ist die Schauspieler-Szene durch die Begründung des ‚großen Stils' so etwas wie das poetologische Programm des Stücks. Denn hier wird immanent die Darstellung der Geschäfts- und Gangsterpraktiken in der Form der Historiendramatik begründet. Das Stück ist von Anfang an in diesem Stil (Blankvers) geschrieben, der durch die Vorführung seiner Genese nun denunziert wird. Charakteristischerweise ist die Szene die einzige, die zunächst in Prosa beginnt und erst in der ausdrücklichen Orientierung auf die kleinen Leute durch Imitation den Vers gewinnt, ihn also aus seiner Funktion hervorgehen lässt. (...) Die Verssprache versetzt den Anspruch auf historische Größe in das dem Publikum ‚vertraute Milieu' des Histori-

---

[83] K. Völker, Brecht, Kommentar zum dramatischen Werk, München 1983, S. 230 f.

endramas und macht damit ‚das Heldentum der Figuren meßbar'. Die Doppelverfremdung gilt dem Anspruch der Figuren auf historische Größe und zugleich dem kleinbürgerlichen Respekt vor den großen Tötern.

Dramaturgisch ist es zudem höchst bedeutsam, dass die entscheidenden Vorgänge zwischen den Szenen liegen, das Publikum also nur widerspruchsvolle Ergebnisse sieht, deren Begründung es rekonstruieren muß. Es kommt Brecht nicht auf die Praktiken der Gangster an, sondern auf ihre Selbstdarstellung.

Die Parabel ist ausgesprochen schwierig, weil sie nicht so sehr auf die Vorgänge selbst zielt, sondern auf ihre bewusstseinsmäßige Wahrnehmung, auf ein falsches Geschichtsbewusstsein."[84]

6.3 Ui und Hitler

Burkhardt Lindner untersucht, ausgehend von der chronikartigen Anlage des Stücks, das Verhältnis von Ui und den Vertretern des Trusts. Er bietet zunächst zwei Lesarten (Interpretationen) an, für die sich jeweils Belege im Stück finden lassen. Die erste Lesart betont die Rolle der Trustvertreter als Hintermänner, als Strippenzieher, die Ui in ihrem Interesse an die Macht bringen. Die zweite Lesart setzt den Akzent auf die Verselbstständigung der Ui-Gang, nachdem sie einmal an der Macht ist. Nach dieser Lesart „schlittern" die Trustherren in den Aufstieg Uis hinein und werden so, zumindest teilweise, exkulpiert.

Lindner kommt zu der Schlussfolgerung:

„Das Stück lässt beide Interpretationen zu, mehr noch: Es erzeugt absichtsvoll den Gegensatz beider Interpretationen, indem es – mit Worten des Benjamin'schen Brecht-Kommentars – eine ‚Dialektik im Stillstand' beschreibt. Hitler ist weder der Hampelmann, den das

---
[84] Klaus-Detlef Müller (Hrsg.). Bertolt Brecht. Epoche-Werk-Wirkung, München 1985, S. 267

Großkapital an seiner Strippe tanzen lässt, noch ist er das jeder soziologischen Erklärung entzogene Monstrum, das als Chef einer Verbrecherbande den Terror über das ganze Volk aufrichtet. Hitler ist die unvorhersehbare – also von der ‚Vorsehung' gleichsam beauftragte und konstituierte- Individuation einer komplexen Krise: Ein ‚welthistorisches Individuum', in dem sich disparate (und desperate) gesellschaftliche Kräftegruppen wiedererkennen konnten (die entwurzelten Kleinbürger, die betrogenen Frontkämpfer, die ehrgeizige Generalität, die Industrie- und Finanzmagnaten usw.) und in einer paranoischen Energie verschmolzen wurden (Deutschland gegen die jüdisch-bolschewistische Weltverschwörung). Diese Figur entzieht sich indes jeder dramatischen Gestaltung, die beanspruchen würde, eine dunkle historische Figur zu erhellen und ihren Charakter freizulegen. Brecht bemüht sich nicht erst darum, sondern hält sich sogleich an eine absichtsvoll reduzierte Verfremdung, die auch den Einsatz satirischer und grotesker Mittel erlaubt."[85]

****

Dieter Thiele arbeitet bei seiner Betrachtung der Ui-Figur die Zerstörung des Mythos vom Führer durch Brecht heraus:

„Indem der Gangsterboss ständig die eigene Herkunft als einfacher Mann aus der Bronx betont und sich der Öffentlichkeit als Bürger präsentieren will, andererseits von seinen Männern unbedingtes Vertrauen fordert und sich ihnen gegenüber als Führer profilieren muss, zeigt sich die Folie, auf der die Kunstfigur gesehen werden muss: miese Kreatur, zaudernder, kleinbürgerlicher Handlanger, charismatischer Führer – alles ist Ui, und das Stück verdeutlicht, dass die Bedingungen für den Aufstieg des Starken Mannes in der Dialektik der Figur angelegt sind. (...)

---
85 B. Lindner, a.a.O., S. 100 f.

Aus diesem Kontext ist auch die Thematisierung des Führerprinzips zu verstehen. Ähnlich wie im *Giacomo Ui*, dem *Caesar-* Roman, dem Gedicht *Fragen eines lesenden Arbeiters* oder der Kurzgeschichte *Caesar und sein Legionär* hinterfragt Brecht die Vorstellung von historischer Größe, um so die Demontage des Führermythos voranzutreiben. An keiner Stelle im Stück wird Uis Position von unten legitimiert gezeigt, auch wenn sie nie in Frage gestellt ist. Zwar braucht der Trust den Starken Mann, aber die Ui-Gruppe inszeniert das Führerprinzip – je nach Adressat anders akzentuiert – selbst. Gegenüber Dogsborough wird die für den kleinen Grünzeughändler nötige starke Führung unmissverständlich ausgesprochen, von seinen Leuten jedoch fordert Ui Vertrauen und Glauben, genauso wie er den Glauben hat, zum Führer vorbestimmt zu sein."[86]

****

Franz-Josef Payrhuber sieht die Bedeutung der Parabel um den Aufstieg Uis vor allem in ihrer möglichen Wirkung in der Gegenwart:

„Die auf Bewusstseinsveränderung ausgehende Botschaft der Parabel könnte, wenn dieser Anspruch ihres Verfassers zutrifft, wohl auch auf aktuelle Situationen angewendet werden; sie könnte damit in der Gegenwart etwas von jener Wirkung auslösen, die ihr unter den historischen Gegebenheiten ihrer Entstehung verwehrt war. Brecht jedenfalls bestand auf dem Anspruch der Übertragbarkeit, indem er das Stück im Epilog mit dem zur berühmten Sentenz gewordenen Satz enden ließ: ‚Der Schoß ist fruchtbar noch, aus dem das kroch.'"[87]

---

[86] D. Thiele, a.a.O., S. 58 f.
[87] Franz-Josef Payrhuber, Bertolt Brecht, Stuttgart 1995, S. 73

6.4 Im Widerstreit der Kritik

Theodor W. Adorno erhebt den Vorwurf, dass in der satirischen Verkleinerung Hitlers im „Ui" der Kritik am Faschismus die Stoßrichtung genommen und der Faschismus verharmlost wird.

„Die Komödie vom aufhaltsamen Aufstieg des großen Diktators Ui rückt das subjektiv Nichtige und Scheinhafte des faschistischen Führers grell und richtig ins Licht. Die Demontage der Führer jedoch, wie durchweg bei Brecht die des Individuums, wird verlängert in die Konstruktion der gesellschaftlichen und wirtschaftlichen Zusammenhänge hinein, in denen der Diktator agiert. Anstelle der Konspiration hochmögender Verfügender tritt eine läppische Gangsterorganisation, der Karfioltrust. Das wahre Grausen des Faschismus wird eskamotiert; er ist nicht länger ausgebrütet von der Konzentration gesellschaftlicher Macht, sondern zufällig wie Unglücksfälle und Verbrechen. So verordnet es der agitatorische Zweck; der Gegner muss verkleinert werden, und das fördert die falsche Politik, wie in der Literatur so auch in der Praxis vor 1933. Die Lächerlichkeit, der Ui überantwortet wird, bricht wider aller Dialektik dem Faschismus die Zähne aus (...)."[88]

****

Wolfgang Fritz Haug spricht dem „Ui" demgegenüber einen in die Gegenwart reichenden Untersuchungs- und Experimentalcharakter zu:

„Es gibt kein Schicksal in diesem Stück. Der Aufstieg des Ui wird als *aufhaltsam* dargestellt. Die Handlungsfolgen sind daher keine Folgen historischer Tableaus. Ihre Logik ist die einer Untersuchung auf dem Theater. Die Gemüsehändler von Chicago äußern die Hoffnung, die

---

[88] T.W. Adorno, Engagement oder künstlerische Autonomie, zitiert nach Thiele, a.a.O., S. 61

von Cicero würden es dem Ui zeigen.- Sofort folgt die Probe aufs Exempel. ‚Hoffnung' erweist sich als schönes Wort dafür, andere für die Demokratie kämpfen lassen zu wollen. Nur, dass sofort gezeigt wird, dass auch diese andern andre für die Demokratie kämpfen lassen wollen.

Die Dramaturgie des Stücks ist die eines Zeigens, und es ist eher ein Experimentalstück, in welchem das Theatralische des Alltags und der Politik einer der Untersuchungsgegenstände ist.

Alle traditionellen Genrebezeichnungen führen demgegenüber in die Irre.

Was als Schwäche eines Stücks über den ‚Nationalsozialismus' erschien, kann jetzt als Stärke verstanden werden. Das Stück untersucht Bedingungen des Untergangs bürgerlicher Demokratie im Würgegriff von Kapitalkonzentration und Krise und im Aufstieg des Starken Mannes. Dafür gibt es mehr als genug aktuelles Material. (...)

Man kann die politische Aktualität des Stücks zusammenfassend so charakterisieren: Es kann - durch vergnügliche Untersuchungen an einem Material grausiger Möglichkeiten - dazu beitragen, dass der Abstieg der bürgerlichen Demokratie nicht zum Untergang der Demokratie schlechthin wird, sondern dass die demokratischen Errungenschaften der bürgerlichen Herrschaft in einer neuen Demokratie aufgehoben werden können."[89]

---

89 W.F. Haug, Bürgerhandeln, starker Mann und großer Stil. Beitrag zu einer Aktualisierung des Ui-Stücks, zitiert nach Gerz, a.a.O., S.215 f.

6.5 Zwei Theaterkritiken

Über die Inszenierung des „Berliner Ensembles" (1959) schreibt André Müller:

„Berlin hat eine neue Theatersensation. Wieder ist es die Brechtbühne, das Theater am Schiffbauerdamm, die mit der Inszenierung des nachgelassenen Stückes *Der aufhaltsame Aufstieg des Arturo Ui* von Bertolt Brecht bewies, zu welchen grandiosen Leistungen das Theater auch heute noch fähig ist. Jede Vorstellung ist restlos ausverkauft, das Publikum bemüht sich schon Wochen im Voraus um Eintrittskarten. (...) Die Inszenierung zeichnet sich durch eine Fülle von Einzelheiten aus, die bei oberflächlicher Schilderung Seiten ausmachen müssten. Es ist jedenfalls ein richtiges Gangsterspektakel geworden, unzählige Gangsterfilme, Chaplinfilme, Stummfilme, Wochenschauaufnahmen aus der Hitlerzeit und ähnliches sind als Vorlage für die oder jene Einzelheit ausgenutzt worden. Und doch gibt es keinen Effekt um des Effektes willen, keinen Glanz um des Glanzes willen, keinen Schauspieler, der sich anstelle der zu zeigenden Figur in den Vordergrund schiebt. Es ist eine Inszenierung erster Klasse, auf einem kaum zu glaubenden schauspielerischen Niveau. Ein Lehrstück wirklichen Theaters. Und allen Unkenrufen zum Trotz der Beweis: Bertolt Brecht ist tot, aber das Brecht'sche Theater lebt!"[90]

****

Über eine Inszenierung in Bad Hersfeld (1979, Regie: Ulrich Brecht) schreibt Hans Jansen:

„Die Aktualität von Brechts 1941 im Exil geschriebenem Stück steht vor dem Hintergrund neofaschistischer Umtriebe außer Zweifel. (...) Zugleich verteidigt Ulrich Brechts klug straffende Inszenierung die Parabel gegen den Vorwurf, sie vereinfache ein schlimmes Kapitel deutscher Vergangenheit durch theatralische Effekthascherei.

---
90 André Müller, Deutsche Volkszeitung v. 9.5.1959, zitiert nach Gerz, a.a.O., S. 192 ff.

In einer Zeit, die das Phänomen des Nationalsozialismus auf der Trivialebene von ‚Holocaust' (gemeint ist eine Fernsehfilm-Serie, B.M.) zu verarbeiten beginnt, scheint es geboten, immer wieder auf die Wurzeln des deutschen Faschismus zu verweisen. Sie liegen in den nationalen Kollektivmythen wie in der konkreten Situation der sterbenden Weimarer Republik. Brecht legt diese Wurzeln frei, indem er am Aufstieg des kleinen Gangsters Arturo Ui zum mächtigen Karfiol-König von Chikago die Verführbarkeit der Massen ebenso bloßstellt, wie den Größenwahn des entfesselten Kleinbürgers, dessen politischer Karriere konservative Kräfte und Großkapital gleichermaßen die Steigbügel hielten.

Nicht mehr und nicht weniger leistet Brechts Inszenierung(...)Weniger das kabarettistische Gaunerspektakel steht im Vordergrund als ein unheimlicher Identifikationsprozess mit den verfremdeten historischen Personen. (...) In Mario Adorf hat die Aufführung, unterstützt von einem präzis durchgezeichneten Ensemble der Stichwortgeber, einen Hauptdarsteller, der das Kunststück fertig bringt, die groteske Lächerlichkeit der Titelfigur mit ihrer latenten Gefährlichkeit zu verschwistern. Klein, gedrungen, drahtig, mit heiser brüllendem Sprachduktus und marionettenhaft künstlicher Gestik erreicht Adorf eine Rollenidentifikation, die das Stück aus dem historischen Gruselkabinett in beklemmende Gegenwärtigkeit hebt."[91]

---

91 Hans Jansen, in WAZ v. 9.7.1979, zitiert nach Thiele, a.a.O., S. 78

7. LITERATUR (– AUSWAHL –)

7.1 Primärliteratur

Brecht, Bertolt: Der aufhaltsame Aufstieg des Arturo Ui, edition suhrkamp 144, Berlin 1981

Brecht, Bertolt: Arbeitsjournal Erster Band 1938 bis 1942, werkausgabe edition suhrkamp, Supplementband, Frankfurt a. Main 1972 (Hrsg. Werner Hecht)

Brecht, Bertolt: Schriften zum Theater – Über eine nicht-aristotelische Dramatik, Bibliothek Suhrkamp Band 41, Frankfurt a. Main 1971

Brecht, Bertolt: Kriegsfibel, Lizenzausgabe Zweitausendeins Verlag, Frankfurt a. Main 1968

7.2 Sekundärliteratur

Berg, Günter/Jeske, Wolfgang: Bertolt Brecht, Stuttgart 1998

Beyersdorf, Peter: Zur Geschichte des 3. Reiches, Hollfeld 1974

Brockhaus, Gudrun: Schauder und Idylle. Faschismus als Erlebnisangebot, München 1997

Ewen, Frederic: Bertolt Brecht. Sein Leben, sein Werk, seine Zeit, Frankfurt 1973

Fuegi, John: Brecht & Co, Hamburg 1977

Gerz, Raimund (Hrsg.): Brechts Aufhaltsamer Aufstieg des Arturo Ui/Materialien, Frankfurt a. Main 1983
Neben einer Stückfassung wird ein umfangreicher Materialienteil geboten. Hier finden sich Notizen und Anmerkungen Brechts zum Stück, ebenso die Aufzeichnungen im „Arbeitsjournal" und Sze-

nenvarianten (incl. der Schrifttafeln). Daneben gibt es Materialien zur Zeitgeschichte (Quellen und Aufsätze) sowie Informationen zur Werkgeschichte.

Grimm, Reinhold: Bertolt Brecht. Die Struktur seines Werkes, Nürnberg 1972

Grünert, Horst (Hrsg.): Politische Reden in Deutschland, Frankfurt am Main 1974

Hinderer, Walter (Hrsg.): Brechts Dramen. Neue Interpretationen, Stuttgart 1984

Hofer, Walter (Hrsg.): Der Nationalsozialismus. Dokumente 1933-1945, Frankfurt am Main 1974

Kesting, Marianne: Bertolt Brecht, Hamburg 1959

Kühnl, Reinhard: Der deutsche Faschismus in Quellen und Dokumenten, Köln 1977

Knopf, Jan: Brecht-Handbuch. Theater. Eine Ästhetik der Widersprüche, Stuttgart 1980
Ein Standardwerk. Das „Handbuch" vermittelt Daten, Analysen und Deutungen zu allen dramatischen Werken Brechts, darunter auch zu Fragmenten und Projekten. In einem 2. Teil führt der Verfasser ausführlich in die Theatertheorie Brechts und ihre Entwicklung ein.

Krink, Alfred: Die NS-Diktatur, Frankfurt am Main 1975

Lindner, Burkhardt: Bertolt Brecht, Der aufhaltsame Aufstieg des Arturo Ui, München 1982
Im Mittelpunkt der Arbeit stehen eine ausführliche Werkanalyse und eine wirkungsgeschichtliche Analyse. Letztere behandelt gründlich die Kontroversen um das „Ui"-Stück und thematisiert Brechts Verfremdungsstrategien.

Matzkowski, Bernd: Wie interpretiere ich ein Drama?, Hollfeld 1998

Mennemeier, Franz Norbert: Modernes Deutsches Drama. Kritiken und Charakteristiken. Band 2: 1922 bis zur Gegenwart, München 1975

Merker, Reinhard: Die bildenden Künste im Nationalsozialismus. Kulturideologie, Kulturpolitik, Kulturproduktion, Köln 1983

Müller, Klaus-Detlef (Hrsg.): Bertolt Brecht: Epoche-Werk-Wirkung, München 1985

Payrhuber, Franz-Josef: Bertolt Brecht, Stuttgart 1995
Der schmale und kostengünstige Band (Reclam) verschafft einen kompakten Überblick über das Schaffen Brechts. Neben den wichtigsten Dramen stellt er auch Lyrik und Prosa Brechts vor.

Schafarschik, Walter (Hrsg.): Herrschaft durch Sprache/Politische Reden (Arbeitstexte für den Unterricht), Stuttgart 1973

Schlüter, Hermann: Grundkurs der Rhetorik, München 1977

Steinbach, Dietrich: Geschichte als Drama, Stuttgart 1988

Szondi, Peter: Theorie des modernen Dramas, Frankfurt a. Main 1970

Thiele, Dieter: Bertolt Brecht, Der aufhaltsame Aufstieg des Arturo Ui Grundlagen und Gedanken zum Verständnis des Dramas, Frankfurt a. Main 1990
Der Band enthält ausführliche Szenenkommentare, geht auf die Rolle von Rhetorik und Theatralik der Nationalsozialisten ein und präsentiert ausgewählte Rezensionen.

Völker, Klaus: Brecht/Kommentar zum dramatischen Werk, München 1983

Völker, Klaus: Brecht-Chronik, München 1997

Völker, Klaus: Bertolt Brecht. Eine Biographie, München 1976

Wekwerth, Manfred: Notate. Über die Arbeit des Berliner Ensembles 1956 bis 1966, Frankfurt am Main 1967

Wie interpretiere ich?

Die Herausgeber der Buchreihe „Wie interpretiere ich?" wollen zur selbstständigen Arbeit mit den im Unterricht behandelten literarischen Gattungen anregen und dazu Hilfestellung geben.

Um allen Erfordernissen zu entsprechen, teilt sich die Reihe zukünftig in drei Bereiche auf:

a) Basiswissen
Grundlageninformationen zur Interpretation und Analyse. Ein auf die jeweilige Gattung zugeschnittener Fragenkatalog soll den Zugriff auf die einzelnen Textsorten und Gattungsformen ermöglichen. An ausgewählten Beispielen wird die Arbeit mit dem Fragenkatalog in weiteren Teilen der Bände demonstriert.

b) Anleitung
Anhand von Musterbeispielen wird das jeweilige Thema erschlossen und erklärt.

c) Übungen mit Lösungen
Beinhaltet konkrete, für Klausur und Abitur typische, Fragen und Aufgabenstellungen zu unterrichts- und lehrplanbezogenen Texten mit Lösungen.

Bernd Matzkowski
Wie interpretiere ich?
124 Seiten, Sek. I/II
ISBN 3-8044-1417-6
DM 19,80
öS 145,00 / sFr. 19,00 / Euro 10,12

Bernd Matzkowski
Wie interpretiere ich ein Drama?
112 Seiten, Sek. I/II
ISBN 3-8044-1419-2
DM 19,80
öS 145,00 / sFr. 19,00 / Euro 10,12

Bernd Matzkowski
Wie interpretiere ich Lyrik?
116 Seiten, Sek. I/II
ISBN 3-8044-1420-6
DM 19,80
öS 145,00 / sFr. 19,00 / Euro 10,12

Thomas Möbius
Wie interpretiere ich Lyrik?
ca. 164 Seiten, Sek I und II
Erscheinungstermin: September 99
ISBN 3-8044-1432-X
ca. DM 22,80
öS 166,00 / sfr 21,00 / Euro 11,66

Bernd Matzkowski
Wie interpretiere ich Novellen und Romane?
88 Seiten, Sek. I/II
ISBN 3-8044-1414-1
DM 19,80
öS 145,00 / sFr. 19,00 / Euro 10,12

Bernd Matzkowski
Wie interpretiere ich Kurzgeschichten, Fabeln und Parabeln?
80 Seiten, Sek. I/II
ISBN 3-8044-1426-5
DM 19,80
öS 145,00 / sFr. 19,00 / Euro 10,12

C. Bange Verlag
Marienplatz 12 · D-96142 Hollfeld · Postfach 1160 · D-96139 Hollfeld
Telefon: (09274) 94130 · Telefax: (09274) 94132
e-mail: C.Bange@t-online.de